古文观止

【双色插图版】

第一册

〔清〕吴楚材·编
〔清〕吴调侯·编

国学典藏·线装书系

线装书局

图书在版编目（CIP）数据

古文观止：全4册 /（清）吴楚材,（清）吴调侯编
. -- 北京：线装书局，2013.1
　ISBN 978-7-5120-0889-2

Ⅰ.①古… Ⅱ.①吴… ②吴… Ⅲ.①古典散文－散文集－中国 Ⅳ.①H194.1

中国版本图书馆CIP数据核字(2013)第004705号

古文观止

编　者	清·吴楚材　清·吴调侯
责任编辑	曹胜利　程俊蓉
装帧设计	
出版发行	线装书局
地　址	北京市西城区鼓楼西大街四一号
邮　编	一〇〇〇〇九
电　话	六四〇四五二八三
网　址	www.xzhbc.com
印　刷	北京德富泰印务有限公司
印　张	四七
字　数	六〇〇千字
版　次	二〇一三年一月第一版第一次印刷
印　数	三〇〇〇
定　价	二九九元（二函四册）

目录

卷一 春秋文一

- 郑伯克段于鄢 …… 一
- 周郑交质 …… 五
- 石碏谏宠州吁 …… 七
- 曹刿论战 …… 八
- 齐桓公伐楚盟屈完 …… 一〇
- 宫之奇谏假道 …… 一三
- 子鱼论战 …… 一六
- 寺人披见文公 …… 一八
- 介之推不言禄 …… 二〇
- 展喜犒师 …… 二一
- 烛之武退秦师 …… 二三
- 蹇叔哭师 …… 二五

卷二 春秋文二

- 齐国佐不辱命 …… 二八
- 楚归晋知罃 …… 三一
- 吕相绝秦 …… 三三
- 驹支不屈于晋 …… 三九
- 子产告范宣子轻币 …… 四一
- 晏子不死君难 …… 四四
- 季札观周乐 …… 四五
- 子产坏晋馆垣 …… 五〇
- 子产论政宽猛 …… 五四
- 吴许越成 …… 五六

卷三 春秋文三

- 祭公谏征犬戎 …… 五九
- 召公谏厉王止谤 …… 六四
- 叔向贺贫 …… 六七
- 王孙圉论楚宝 …… 六九
- 申胥谏许越成 …… 七一
- 春王正月 …… 七四
- 吴子使札来聘 …… 七六

古文觀止

目录

虞师晋师灭夏阳	七八
晋献公杀世子申生	八一
曾子易箦	八三
公子重耳对秦客	八四
晋献文子成室	八六
侍坐	八七
季氏将伐颛臾	九一
非攻	九四
齐桓晋文之事章	九六
逍遥游	一〇六
劝学篇	一一六
五蠹	一二七

卷四 战国文

苏秦以连横说秦	一三二
邹忌讽齐王纳谏	一四二
颜斶说齐王	一四五
冯谖客孟尝君	一四八
赵威后问齐使	一五四
触龙说赵太后	一五七
鲁仲连义不帝秦	一六二
唐雎说信陵君	一七一
唐雎不辱使命	一七三
乐毅报燕王书	一七六
李斯谏逐客书	一八五
卜居	一九二
宋玉对楚王问	一九六

卷五 汉文一

五帝本纪赞	二〇〇
项羽本纪赞	二〇〇
秦楚之际月表	二〇二
高祖功臣侯年表	二〇四
孔子世家赞	二〇六
外戚世家序	二〇九
伯夷列传	二一一
	二一三

管晏列传	二一八
屈原列传	二二四
酷吏列传	二三一
游侠列传	二三三
滑稽列传	二三七
货殖列传	二四一
太史公自序	二四五
报任安书	二五一
卷六 汉文二	
高帝求贤诏	二六七
文帝议佐百姓诏	二六九
武帝求茂材异等诏	二七一
过秦论（上）	二七二
治安策（一）	二七九
论贵粟疏	二八七
上书谏猎	二九二
答苏武书	二九四
卷七 六朝文	
前出师表	三〇一
后出师表	三〇五
让县自明本志令	三〇九
与山巨源绝交书	三一七
陈情表	三二七
江水	三三一
兰亭集序	三三五
归去来辞	三三八
五柳先生传	三四一
桃花源记	三四三
北山移文	三四五
卷八 唐文一	
谏太宗十思疏	三五二
代李敬业传檄天下文	三五五
秋日登洪府滕王阁饯别序	三六〇
与韩荆州书	三六八

春夜宴从弟桃花园序	三七三
吊古战场文	三七四
原道	三七九
原毁	三八七
杂说（一）	三九一
杂说（四）	三九二
师说	三九三
进学解	三九六
讳辩	四〇一
争臣论	四〇五
送孟东野序	四一一
送李愿归盘谷序	四一六
《张中丞传》后叙	四一九
祭十二郎文	四二五
柳子厚墓志铭	四三一
杨烈妇传	四三七
陋室铭	四四一

卷九 唐文二

桐叶封弟辨	四四三
捕蛇者说	四四五
种树郭橐驼传	四四八
梓人传	四五一
始得西山宴游记	四五七
钴鉧潭西小丘记	四五九
至小丘西小石潭记	四六二
阿房宫赋	四六三
李贺小传	四六七
书褒城驿壁	四七〇
野庙碑	四七四

卷十 宋文一

待漏院记	四七九
黄冈竹楼记	四八三
严先生祠堂记	四八五
岳阳楼记	四八七

朋党论	四九〇
纵囚论	四九四
梅圣俞诗集序	四九五
五代史伶官传序	四九八
送杨寘序	五〇〇
丰乐亭记	五〇二
醉翁亭记	五〇四
秋声赋	五〇六
祭石曼卿文	五〇八
管仲论	五一〇
六国论	五一五
爱莲说	五一七
寄欧阳舍人书	五一九
赠黎安二生序	五二二
伤仲永	五二四
读孟尝君传	五二六
同学一首别子固	五二七

卷十一 宋文二	
游褒禅山记	五二八
泰州韩文公庙碑	五三一
贾谊论	五三五
留侯论	五三一
晁错论	五三九
喜雨亭记	五四一
凌虚台记	五四三
超然台记	五四五
放鹤亭记	五四九
石钟山记	五五二
潮州韩文公庙碑	五六〇
乞校正陆贽奏议进御札子	五六三
前赤壁赋	五六六
后赤壁赋	五六九
方山子传	五七一
六国论	五七四
上枢密韩太尉书	

古文觀止 目錄

黃州快哉亭記 … 五七六
書《洛陽名園記》後 … 五七九
五岳祠盟記 … 五八〇
戊午上高宗封事 … 五八二
指南錄後序 … 五八九

卷十二 金、元、明文

送秦中諸人引 … 五九七
《錄鬼簿》序 … 五九七
送東陽馬生序 … 五九九
閱江樓記 … 六〇二
賣柑者言 … 六〇五
司馬季主論卜 … 六〇九
深慮論 … 六一一
親政篇 … 六一三
瘞旅文 … 六一六
項脊軒志 … 六二〇
《吳山圖》記 … 六二四

信陵君救趙論 … 六二七
《青霞先生文集》序 … 六二九
報劉一丈書 … 六三三
藺相如完璧歸趙論 … 六三八
徐文長傳 … 六四一
浣花溪記 … 六四四
核舟記 … 六四八
五人墓碑記 … 六五一
獄中上母書 … 六五五

卷十三 清文

原君 … 六五九
復庵記 … 六六三
與友人論學書 … 六六七
李姬傳 … 六七〇
口技 … 六七五
江天一傳 … 六七九
遊釣臺記 … 六八一
… 六八五

狱中杂记	六八九
嶽子记	六九五
为学一首示子侄	六九九
梅花岭记	七〇一
祭妹文	七〇五
登泰山记	七一〇
复鲁絜非书	七一三
重修盘门双忠祠记	七一七
哀盐船文	七一九
病梅馆记	七二三
原才	七二五
《翏砧课诵图》序	七二八

卷一 春秋文一

郑伯克段于鄢
《左传》

作者简介

左丘明，春秋时期史学家。鲁国人。一说复姓左丘，名明；一说单姓左，名丘明。双目失明，曾任鲁国太史，或为讲说历史及传说的史官。生活于春秋战国之交，与孔子同时。相传曾著《左传》。《左传》原名《左氏春秋》，又名《春秋左氏传》，是我国第一部详尽的编年体断代史书，按照《春秋》编年顺序，记叙了包括自鲁隐公元年（前722）至鲁哀公二十七年（前468）共二百五十五年间周王朝及诸侯各国政治、经济、军事、外交活动等多方面的历史大事，是了解和研究我国古代社会一部很有价值的历史文献。又因其叙事详赡，且极富文采，一直被誉为文学史上传世的经典散文名著。

原文

初，郑武公娶于申，曰武姜。①生庄公及共叔段。②庄公寤生，惊姜氏，故名曰寤生，遂恶之。爱共叔段，欲立之；亟请于武公，公弗许。④及庄公即位，为之请制。⑤公曰：『制，岩邑也，虢叔死焉；佗邑惟命。』⑥请京，使居之，谓之京城大叔。⑦

祭仲曰：⑧『都，城过百雉，国之害也。⑨先王之制，大都，不过参国之一；中，五之一；小，九之一。今京不度，非制也，君将不堪。』⑪公曰：『姜氏欲之，焉辟害！』⑫对曰：『姜氏何厌之有！⑬不如早

古文觀止 卷一 春秋文一

为之所，无使滋蔓；蔓，难图也。⑭蔓草犹不可除，况君之宠弟乎！"公曰："多行不义必自毙，子姑待之。"⑯

既而大叔命西鄙、北鄙贰于己。⑰公子吕曰："国不堪贰，君将若之何？⑱欲与大叔，臣请事之；若弗与，则请除之，无生民心。"⑲公曰："无庸，将自及。"⑳

大叔又收贰以为己邑，至于廪延。㉑子封曰："可矣，厚将得众。"㉒公曰："不义不暱，厚将崩。"㉓

大叔完聚，缮甲兵，具卒乘，将袭郑。㉔夫人将启之。㉕公闻其期，曰："可矣！"命子封帅车二百乘以伐京。㉖京叛大叔段，段入于鄢。公伐诸鄢。㉗五月辛丑，大叔出奔共。㉘

书曰：㉙"郑伯克段于鄢。"段不弟，㉚故不言弟。如二君，故曰克。称郑伯，讥失教也；谓之郑志。㉛不言出奔，难之也。㉜

遂置姜氏于城颍，而誓之曰："不及黄泉，无相见也。"㉝既而悔之。颍考叔为颍谷封人，闻之，有献于公。㉞公赐之食，食舍肉。㉟公问之。对曰："小人有母，皆尝小人之食矣，未尝君之羹，请以遗之！"㊱公曰："尔有母遗，繄我独无。"㊲颍考叔曰："敢问何谓也？"公语之故，且告之悔。对曰："君何患焉！㊳若阙地及泉，隧而相见，其谁曰不然？"㊴公从之。公入而赋："大隧之中，其乐也融融！"㊵姜出而赋："大隧之外，其乐也泄泄！"㊶遂为母子如初。

君子曰：颍考叔，纯孝也。爱其母，施及庄公。㊷《诗》曰："孝子不匮，永锡尔类。"㊸其是之谓乎！㊹

选自《左传·隐公元年》

注释

① 初：当初，表追溯往昔常用语。郑武公：郑国第二代国君，公元前770年至前744年在位。娶于申……从申国娶妻。申，国名，在今河南南阳，为侯爵之国。武姜：武公妻姜氏。武，为其丈夫谥（shì）号，姜，为其母家姓。② 共（gōng）叔段：共，国名，在今河南辉县。叔，排行用字，表排行在三或年少者。"段"为其字。段为弟，后逃奔共，其子孙以共为氏，故称共叔段。③ 寤（wù）生：倒着生，难产。恶（wù）：讨厌，厌恶。④ 立：立其为太子。立，本指君王袭位，这里指确定太子地位。亟（qì）：多次请求。弗：不。⑤ 制：地名，一名虎牢，又名成皋。在今河南荥阳汜水西。⑥ 岩邑：险要的都邑。岩，险要，高峻。邑，人口聚居之处，有大有小，引申为城邑，都城。虢（guó）叔：东虢国国君，为周文王之弟。焉：兼词，意为"于此"。制原为东虢国领地，虢叔在此被郑武公所灭，遂归郑领有。佗：他。惟命"惟命是听"之省语。⑦ 京：地名，即"京城"，春秋时郑国城邑，故城在今河南荥阳东南二十余里。大叔：即太叔，大，同"太"，尊称。下同。⑧ 祭（zhài）仲：郑国大夫。祭，为其食邑，祭邑当即今河南中牟之祭亭，与祭伯之祭在今河南郑州者实为两地。⑨ 都：都城。城：城墙。雉（zhì）：量词，古代计算城墙长度的单位，长三丈高一丈为一雉。⑩ 参（sān）国之一：国都的三分之一。⑪ 不度：不符合当时的法度。非制：不符合先王的规定。不堪：不能超过国都的三分之一。参，同"三"。⑫ 庄公称其母为"姜氏"，是当时习惯的称呼，并非不敬。焉：哪里。辟（bì）：同"避"。⑬ 何厌之有：即"有何厌"，意为有什么满足的。厌，同"餍"，满足。之，结构助词，无义。⑭ 早为之所：趁早给他作个适当的安排。为，给。所，适当的处所。无使滋蔓：不要让他的势力恶

古文观止

卷一　春秋文一

三

古文觀止

卷一 春秋文一

性发展。无，同『勿』，不要。滋，益，更加。蔓，蔓延，这里指发展。⑮图：对付。⑯毙（bì）：倒下，此处意为垮台、灭亡。姑：姑且，暂且。⑰西鄙、北鄙：郑国西部与北部二边城。鄙，本意为小邑，这里指边城。贰于己：明里属庄公，暗中属自己。贰，两属。⑱公子吕：郑国大夫。即下文的子封。⑲无生民心：不要让老百姓生贰心。⑳无庸：不用。庸，同『用』。自及：自己招致危害。及，本意为到，这里意为招致。㉑收贰：收两属之地。廪延：郑国的一个城邑，在今河南延津北。㉒厚：丰厚，这里指土地得到扩大。㉓不义不暱（nì）：解为『不义则不暱』，即对君不义，则不能团结其众。暱，黏连，也就是我们今天说的团结。㉔完聚：修葺（qì）城郭，积聚粮草。缮：修理，制造。卒：指步兵。乘：指战车一乘。袭：行军不用钟鼓，趁对方不备之时，突然进攻，也就是今天所说的偷袭。㉕夫人：指武姜。启之：打开城门（以为内应）。㉖帅：通『率』，率领。㉗伐：讨伐，攻打。诸：『之于』合音，其中『之』代共叔段。㉘五月辛丑：鲁隐公元年（前722）五月二十三日。辛丑，为古时以干支纪日。出奔：逃亡。㉙书：这里指《春秋》经文。以下一段文字即对『书法』所作的解释。㉚弟：通『悌（tì）』，指顺从兄长。㉛谓之郑志：说明故意放纵自己的亲兄弟，等时机到来时除掉他，是郑伯早有的居心。之，指放纵自己的亲兄弟某人出奔，就表示是因罪出逃的。但共叔段出奔则不仅仅是因为他有罪，庄公也有责任，所以《春秋》书法，凡是记载明言叔段出奔事。志，居心。㉜难（nán）之：难以下笔记载共叔段出奔共这件事。按《春秋》书法，凡是记载某人出奔，就表示是因罪出逃的。但共叔段出奔则不仅仅是因为他有罪，庄公也有责任，所以《春秋》不好明言叔段出奔事。㉝置：安置。这里意为放逐、幽禁。城颍：郑国地名，在今河南省临颍西北。不及黄泉，不到死。黄泉，指人死后葬所，即地下。古人认为天玄地黄，所以称地下为黄泉。㉞颍考叔：郑国大夫。颍谷：郑国边邑，在今河南登封西。封人：古代掌管边界的官员。有献于公：有东西进献给庄公。献，指所进

周郑交质① 《左传》

原文

郑武公、庄公为平王卿士。②王贰于虢,郑伯怨王。③王曰:『无之。』故周郑交质。王子狐为质于郑,郑公子忽为质于周。④王崩,周人将畀虢公政。⑤四月,郑祭足帅师取温之麦;⑥秋,又取成周之禾。⑦周郑交恶。⑧君子曰:『信不由中,质无益也。⑨明恕而行,要之以礼,虽无有质,谁能间之?⑩苟有明信,涧溪沼沚之毛,蘋蘩蕴藻之菜,筐筥锜釜之器,潢污行潦之水,可荐于鬼神,可羞于王公;⑪而况君子结二国之信,行之以礼,又焉用质?⑫《风》有《采蘩》、《采蘋》;《雅》有《行苇》、《泂酌》,昭忠信也。⑬』

选自《左传·隐公三年》

献的东西。㉟舍⋯⋯放弃。这里意为把肉放到一边不吃。㊱羹⋯⋯本指肉汁,这里指熟肉。遗(wèi)⋯⋯赠送,这里意为留给。㊲繄(yī)⋯⋯句首语气词,无实义。㊳忧⋯⋯忧虑,发愁。㊴阙⋯⋯通『掘』,挖掘。隧⋯⋯隧道,这里意为挖隧道。其⋯⋯语气词,表反诘。不然⋯⋯不是这样。然,这样,代指黄泉相见。㊵赋⋯⋯吟诵。这里指各人吟诵自己作的辞句。融融⋯⋯和乐,和顺的样子。㊶泄(yì)泄⋯⋯舒畅的样子。㊷君子曰⋯⋯表示下文是作者对所记载的史事的评论。纯孝⋯⋯即大孝。施(yì)⋯⋯延及,推广。㊸《诗》⋯⋯《诗经》。以下所引两句见于《诗经·大雅·既醉》篇。匮(kuì)⋯⋯竭,尽,亏缺。锡(cì)⋯⋯通『赐』,给,多指上给下。类⋯⋯同类,指与孝子同类的人。㊹其⋯⋯语气词,表推测。是之谓⋯⋯说的就是这种情况。

古文觀止 卷一 春秋文一

注释

①周：指东周。郑：春秋伯爵诸侯国。交：互相交换。质：人质，以人为抵押品而取信。充当『质』的人常为王子或世子，春秋战国时多盛行。②平王：周平王，周朝第十三代王。卿士：春秋时对执政者的称呼。③王贰于虢(guó)：平王想分一部分权力给西虢公。贰，二心。虢，古国名，这里指西虢。郑伯：指郑庄公。④王子狐：平王的儿子。公子忽：庄公的太子，后来的郑昭公。⑤崩：古代称天子死。畀(bǐ)：授与，交给。政：执政权力。⑥祭(zhài)足：即祭仲，郑大夫。温：周王畿内小国，在今河南温县西南。⑦成周：地名，即洛邑，周首都洛阳一带，在今河南洛阳东郊。禾：秋庄稼。⑧交恶(wù)：互相仇视、憎恶。⑨信：本义为言语真实。这里指只是口头上表示恪守信约。中：同『衷』，内心。⑩明恕而行：开诚布公，互相体谅地行事。要(yāo)：约，约束。间(jiàn)：离间。⑪明信：充分信任。涧溪：山间沟水。沼：曲形池塘。沚：水中小洲。毛：草。蘋(pín)：浮萍，生在水面可食用的一种植物，并可供祭祀。蕰藻：聚集的水藻，可食用，也可供祭祀。蕰，聚集。筐筥(jǔ)：均为用来盛放东西的竹器。方形的是筐，圆形的是筥。锜(qí)、釜：均为炊具。三只脚的是锜，没有脚的是釜。潢(huáng)污(wū)：低洼处不流动的死水。积小水的是潢，水不流的是污。行(xíng)潦(lǎo)：行，为『汫(xíng)』的假借字，指沟水，雨后道路暂时积起来的水。羞：意同『荐』，进献。⑫《风》：指《诗经·国风》。《雅》：这里指《诗经·大雅》。⑬《采蘩》、《采蘋》：均为《诗经·国风·召南》中的篇名。《洞(jiǒng)酌》：均为《诗经·大雅·民生之什》中的篇名。本文引《行苇》取忠厚之义，引《洞酌》取行潦可供祭祀之义。昭：光明。这里引申为显示、彰明。

石碏谏宠州吁[1]

《左传》

原文

卫庄公娶于齐东宫得臣之妹，曰庄姜。[2] 美而无子，卫人所为赋《硕人》也。[3] 又娶于陈，曰厉妫。[4] 生孝伯，蚤死。[5] 其娣戴妫生桓公，庄姜以为己子。[6]

公子州吁，嬖人之子也。[7] 有宠而好兵，公弗禁，庄姜恶之。

石碏谏曰：『臣闻爱子，教之以义方，弗纳于邪。[8] 骄、奢、淫、佚，所自邪也；[9] 四者之来，宠禄过也。[10] 将立州吁，乃定之矣；若犹未也，阶之为祸。[11] 夫宠而不骄，骄而能降，降而不憾，憾而能眕者，鲜矣。[12] 且夫贱妨贵，少陵长，远间亲，新间旧，小加大，淫破义，所谓「六逆」也。[13] 君义，臣行，父慈，子孝，兄爱，弟敬，所谓「六顺」也。[14] 去顺效逆，所以速祸也。[15] 君人者，将祸是务去，而速之，无乃不可乎？』[16]

弗听。其子厚与州吁游，禁之，不可。[17] 桓公立，乃老。[18]

选自《左传·隐公三年》

注释

① 石碏（què）：卫国大夫。州吁：公子州吁，卫庄公庶子。② 卫庄公：卫武公之子，卫国第十二代君，公元前757年至前735年在位。东宫：本义太子宫，这里代指太子。得臣：齐庄公太子，但没即便死了。庄姜：卫庄公的夫人，齐庄公的嫡女。庄，她丈夫的谥号。姜，她的娘家姓。春秋时妇人娘家姓常在

卷一 春秋文一

七

古文观止

卷一 春秋文一

曹刿论战①

《左传》

原文

齐师伐我。②公将战；曹刿请见。③其乡人曰：④"肉食者谋之，又何间焉？"⑤刿曰："肉食者鄙，未能

③赋⋯创作。《硕人》⋯《诗经·国风·卫风》中篇名，相传卫国人为赞美庄姜而作。④陈⋯古代国名，在今河南东部和安徽西部。都城在宛丘，即今河南淮阳。厉妫⋯卫庄公的妻子，厉，卫庄公的谥号；妫，她在娘家陈国时的姓。⑤孝伯⋯厉妫的儿子。蚤⋯通"早"。⑥娣（dì）⋯女弟，即妹妹。桓公⋯卫庄公的儿子，春秋时代，妹随姐而嫁，特称娣。戴妫⋯戴，她丈夫的谥号；妫，娘家陈国时的姓。卫国国君十六年后被州吁所杀。⑦嬖（bì）⋯人⋯贱而得宠者。这里指受宠的姬妾。⑧义方⋯做人正道。纳⋯使入。⑨淫⋯无度，即无节制。佚（yì）⋯放荡。所自邪⋯即"邪所自"，意为走上邪路的缘由。⑩禄过⋯宠爱和俸禄过分。⑪将⋯打算，将要。乃⋯就。定⋯确定下来。阶⋯源头、根源。此处指将成为祸乱的根源。⑫能降（jiàng）⋯能安心于地位降低。憾⋯怨恨。眕（zhěn）⋯安重，即自安自重。鲜（xiǎn）⋯少。⑬妨⋯危害。陵⋯欺压。间（jiàn）⋯代替。加⋯欺压。⑭淫⋯邪恶。破⋯败坏。逆⋯违逆、违背，不合正理。⑮去⋯舍弃，去掉。效⋯效法，学习。速⋯招致。⑯君人者⋯做君王的。祸是务去⋯为"务去祸"之倒装。务，务必、必须；是，本义为"此"，这里为副词，表示强调。无乃⋯意为"岂不"，语气稍缓和。⑰厚⋯石碏之子。游⋯交往。不可⋯不能。⑱老⋯告老，辞官，退休。

远谋。⑥」乃入见，问何以战。

公曰：「衣食所安，弗敢专也，必以分人。」对曰：「小惠未遍，民弗从也。」公曰：「牺牲玉帛，弗敢加也，必以信。⑧」对曰：「小信未孚，神弗福也。⑨」公曰：「小大之狱，虽不能察，必以情。⑩」对曰：「忠之属也，可以一战。战，则请从。」

公与之乘，战于长勺。⑫公将鼓之，刿曰：「未可。」齐人三鼓，刿曰：「可矣。」齐师败绩。⑭公将驰之，⑮刿曰：「未可。」下，视其辙，登，轼而望之，⑯曰：「可矣。」遂逐齐师。

既克，公问其故。⑰对曰：「夫战，勇气也。一鼓作气，再而衰，三而竭。⑱彼竭我盈，故克之。⑲夫大国，难测也，惧有伏焉。⑳吾视其辙乱，望其旗靡，故逐之。㉑」

选自《左传·庄公十年》

①曹刿（guì）：鲁国勇士。论战：论述有关作战的原则。②伐：古代打钟击鼓地进攻。我：《春秋》与《左传》纪年纪事都是以鲁国为本位，故称鲁为「我」。③公：指鲁庄公，公元前693年至前662年在位。④乡人：同乡的人。乡，春秋时在国都及其近郊设乡，远郊称遂。乡在当时并不指农村，见(xiàn)：拜见。⑤肉食者：指掌权的达官贵人。间(jiàn)：介入，参与。焉，兼词，相当于「于此」。⑥鄙：鄙陋，眼光短浅。⑦所安：用以养生的东西。安，养。弗⋯⋯不。专：独享。以：介词，把，拿。⑧牺牲：用于祭祀的牛、羊、猪等牲畜。玉帛：用于祭祀的玉器和丝织

齐桓公伐楚盟屈完①

《左传》

原文

春，齐侯以诸侯之师侵蔡。蔡溃，遂伐楚。楚子使与师言曰：②『君处北海，寡人处南海，惟是风马牛不相及也。③不虞君之涉吾地也，何故？』④管仲对曰：⑤『昔召康公命我先君太公曰：⑥"五侯九伯，女实征之，以夹辅周室。"⑦赐我先君履：东至于海，西至于河，南至于穆陵，北至于无棣。⑧尔贡包茅不入，王祭不共，无以缩酒，寡人是征。⑨昭王南征而不复，寡人是问。』⑩对曰：『贡之不入，寡君之罪也，敢不共给？⑪昭王之不复，君其问诸水滨！』⑫师进，次于陉。⑬

注释

品：加……夸大，虚报。以：按照。信：诚实（的态度）。⑨孚（fú）：大信，使人信服。福：赐福，保佑。⑩狱：诉讼案件。察：明察，审查清楚。情：本义实际情况。此处指诚心。⑪忠：尽心做好本分的事。属：类。可：可以。以：凭借。⑫乘（shèng）：四匹马拉的战车。此处指乘坐战车。长勺：鲁国地名，在今山东莱芜东北。因商遗民长勺氏居此而得名。⑬鼓：击鼓。古人作战以击鼓表示进攻。之：表示对『鼓』这一动作的强调。⑭败绩：军队溃散，大败。⑮驰之：驱车追击齐军。⑯下：下车。登：上车。轼：本义车前横木，此处为动词，指扶着车前横木。⑰既克：已经取得胜利。克，攻克，取得胜利。⑱一鼓：第一次击鼓。作气：使士气振作。⑲盈：饱满，旺盛。⑳伏：埋伏。焉：兼词，相当于『于此』。㉑靡（mǐ）：倒下。

夏，楚子使屈完如师。⑮师退，次于召陵。齐侯陈诸侯之师，与屈完乘而观之。⑯齐侯曰：「岂不榖是为？先君之好是继。⑱与不榖同好，何如？」对曰：「君惠徼福于敝邑之社稷，辱收寡君，寡君之愿也。」⑲齐侯曰：「以此众战，谁能御之？以此攻城，何城不克？」对曰：「君若以德绥诸侯，谁敢不服？君若以力，楚国方城以为城，汉水以为池，虽众，无所用之。」⑳屈完及诸侯盟。

选自《左传·僖公四年》

注释

① 齐桓公：春秋时第一霸主，公元前685年至前643年在位。楚：诸侯国名，主要地域在今湖北、湖南、安徽一带，当时国都在郢（yǐng），即今湖北荆州。盟：结盟。屈完：楚王同族，楚国大夫。② 春：指鲁僖公四年春季。齐侯：即齐桓公。以：率领。诸侯之师：指齐、鲁、宋、卫、郑、曹、陈等八国军队。蔡：诸侯国名，在今河南汝南、上蔡、新蔡一带。③ 楚子：指楚成王，公元前671年至前626年在位。处：位于。北海：即渤海。寡人：古代诸侯自称，意为寡德之人。惟：句首语气词。风马牛不相及：喻齐楚相距极远，即使双方马牛发情相逐，也不会碰到一起。风，这里指雌雄相诱相逐。使：这里指派遣使者。与（yù）：参与，这里意为『到』。④ 处（chǔ）：位于。⑤ 虞：料到。涉：到，进入。⑥ 管仲：齐国大夫。春秋时著名政治家，在齐国实行改革，辅佐桓公成为春秋五霸中的首霸。⑦ 召（shào）康公：周成王时为太保。召是他的封地；康，是他的谥号。先君：即太公望，西周初年官太师（最高武官）。因辅佐周文王、周武王灭商有功，封于齐，有太公之称，俗称姜太公。为齐国始祖，故称先君。⑧ 五侯：指公、侯、伯、子、男五等诸

古文观止　卷一　春秋文一

古文觀止 卷一 春秋文一

侯。九伯：九州之长。这里的『五侯九伯』，实为泛指所有诸侯。女(rǔ)：同『汝』，你。实：语气词，表命令或期望。征：讨伐，这里指有讨伐的权力。夹辅：辅佐。⑨履：指践履之地，引申为可以征伐的范围。海：泛指东方大海。河：指黄河。穆陵：指今湖北麻城北与河南光山、新县接壤处之穆陵关。无棣：在今河北卢龙一带。⑩尔：指楚王。包茅：扎成捆的菁茅。菁茅为楚国特产，可以滤酒以供祭祀，是楚国进贡给周王的东西。入：纳。共(gōng)：通『供』，供应。缩酒：古代一种祭祀仪式。是：代词，代指包茅不入：征，责问，问这件事。⑪昭王：即周昭王，康王之子，成王之孙。昭王南征而不复：根据《帝王世纪》上的记载，『昭王德衰，南征』，济于汉，船人恶之，以胶船进王。王御船至中流，胶液船解，王与祭(即蔡)公俱没于水中，而崩。』这件事被齐用作讨伐楚国的借口。复，返。问：责问。⑫寡君：楚国的使者对楚王的称呼。敢：谦词，岂敢。滨：水边。⑬其：语气词，共给：即供给。⑭次：驻扎。⑮诸：兼词，相当于『之于』。婉，相当现在的『恐怕』『大概』。山名，在今河南郾城南，为险要之地。⑯师退：指齐军向后撤退。次：驻扎。召陵：楚邑名，在今河南郾城东。⑰陈(zhèn)诸侯之师：意为将诸侯军队排开阵势，向楚示威。陈，通『阵』，指摆开阵势。乘(shèng)：指乘战车。⑱岂不穀是为：即『岂是为不穀』，难道这是为了我。不穀，不善，本为天子自谦之词。这里齐桓公自称不穀，是为打上代表王室讨伐楚国的旗号，以助长自己的威风。穀，善。先君之好(hào)：是继…是为了继承先君的理想和爱好。⑲君惠徼(yāo)福于敝邑之社稷…承蒙您惠临为敝国求福。是一种委婉的外交辞令，实指齐国的兴师问罪。徼，求；敝邑，谦称自己的国家。辱收寡君…承蒙您安抚我们国君。辱，承蒙，收，安抚。⑳绥：安抚。方城：山名，在今河南

一二

宫之奇谏假道① 《左传》

原文

晋侯复假道于虞以伐虢。②宫之奇谏曰:"虢,虞之表也。③虢亡,虞必从之。晋不可启,寇不可玩,一之谓甚,其可再乎?④谚所谓'辅车相依,唇亡齿寒'者,其虞、虢之谓也。"⑤

公曰:"晋,吾宗也,岂害我哉?"⑦对曰:"大伯、虞仲,大王之昭也。⑧大伯不从,是以不嗣。⑨虢仲、虢叔,王季之穆也,为文王卿士,勋在王室,藏于盟府。⑩将虢是灭,何爱于虞?⑪且虞能亲于桓、庄乎?⑫其爱之也,桓、庄之族何罪,而以为戮,不唯逼乎?⑬亲以宠逼,犹尚害之,况以国乎?"⑭

公曰:"吾享祀丰洁,神必据我。"⑮对曰:"臣闻之,鬼神非人实亲,惟德是依。故《周书》曰:⑯⑰'皇天无亲,惟德是辅。'⑱又曰:'黍稷非馨,明德惟馨。'⑲又曰:'民不易物,惟德繄物。'⑳如是,则非德,民不和,神不享矣。神所冯依,将在德矣。㉑若晋取虞,而明德以荐馨香,神其吐之乎?"㉒

弗听,许晋使。宫之奇以其族行。㉓曰:"虞不腊矣。㉔在此行也,晋不更举矣。"㉕冬,晋灭虢;师还,馆于虞。㉖遂袭虞,灭之,执虞公。㉗

选自《左传·僖公五年》

叶县南,方城东北,西连伏牛山脉。城……这里指城墙。池……这里指护城河。

古文观止 卷一 春秋文一

注释

① 宫之奇：虞国大夫，也作『宫奇』。谏：劝阻。假道：借路，这里指让军队通过别国领土。② 晋侯：指晋献公，公元前676年至前652年在位。晋为侯爵国，故称。复：又。僖公二年（前658），晋国军队就曾借道虞国进伐虢国。这是第二次，故曰复。虞：国名，在今山西平陆东北。虢（guó）：国名，这里指北虢，在今河南三门峡至山西平陆一带。③ 表：屏障。④ 启：开启，这里指引发，纵容晋国野心。寇：本指境外用兵。这里指让晋军通过虞境。玩：不重视，轻视。一之：一次。甚：过分。⑤ 辅车相依：面颊和牙床互相依存，这里喻指虞、虢二国存亡相依关系。辅，通『輔』，面颊。车，牙床。⑥ 公：指虞国国君。⑦ 宗：同宗。晋、虞皆为姬姓诸侯国，同一祖先。⑧ 大（tài）伯：即太伯，亦作泰伯，周太王古公亶父长子。虞仲：周太王次子。大（tài）王：即周太王。昭：与下文『穆』皆为古代宗庙里神主的位次。依宗法制度规定，始祖居中，其子在左称昭，子之子在右称穆，以下父子递为昭、穆，父子异列，祖孙同列。周以后稷为始祖，依次推算，太王之子太伯、虞仲与王季为后稷第十三代孙，故为穆，太王为后稷第十二代孙，适为穆。⑨ 大伯不从：指太伯与二弟虞仲得知太王有意传位给小弟王季（名季历），便出走至吴，不再在太王身边。嗣：继承王位。⑩ 虢仲、虢叔：分别是王季的第二个儿子和第三个儿子，为周文王之弟。卿士：指古代执掌国家政权的大臣。盟府：指古代收藏盟誓策典的地方。以上四句是说，虢在姬姓中地位要高于虞，虢、晋关系比虞、晋关系要亲。⑪ 将虢是灭：『将灭虢』的倒装。⑫ 桓、庄：桓，指曲沃桓叔，晋献公的曾祖；庄，指曲沃庄伯，晋献公的祖父。桓、庄之族：指晋献公同族兄弟各支。以为戮：即『以之为戮』的省略，意为把他们作为杀戮的对象。其：表假设。桓、庄，晋献公的祖父。⑬ 其爱之也：意为『晋献公如果真的爱惜桓叔、庄伯，那么……』。

象。不唯逼乎：不就只因为他们与晋献公关系太亲近而使之感到受威胁的缘故吗？唯，只。逼，本义亲近，这里引申为因亲近而感到受威胁。⑭亲以宠逼：意为桓、庄之族因其亲近，且又位尊，使献公感到受威胁。犹尚：同义虚词连用。况以国乎：何况是国家之间因关系亲近所造成的威胁呢！⑮享祀：相当于『祭祀』。享，用食物来贡献给鬼神。据：保佑。⑯鬼神非人实亲：『鬼神非人』的倒装，意为鬼神并不是亲近哪一个人。实，是。惟德是依：只是依从德行。惟，只，现在一般写作『唯』。下文『惟德是辅』、『明德惟馨』、『惟德繄物』中之『惟』字，都作此解。⑰《周书》：周朝史书，今已亡佚。以下引文见伪《古文尚书·蔡仲之命》篇。⑱皇：大。辅：辅助。⑲黍稷：古代祭祀常用的谷物。黍，黏性黄米；稷，不黏谷子。馨(xīn)：芳香。后一『馨』字指香气散发很远。明德：使道德修明。以上二句引文见伪《古文尚书·君陈》篇。⑳民不易物：人们进献的祭品并没有改变。易，改变。物，指祭品。惟德繄(yì)物：只有有德者的祭品才是神所乐于享用的。繄，是。以上两句引文见伪《古文尚书·旅獒(áo)》篇。㉑冯(píng)：通『凭』。义同上文『依』。㉒荐：进献。其：相当于『岂』，意为难道。吐：指不食祭品。㉓以其族行：率领他家族的人走了。以，率领。族，家族。㉔虞不腊矣：虞国不可能举行年终的腊祭了。意思是不到年底虞国就将灭亡。腊，祭名，指年终祭祀先祖及众神。㉕在此行：指晋兵灭虢的军事行动。不更（gēng）举：不需要再次出兵。更，再。举，指出兵。自此以下对原文有删节。㉖馆：借住。指晋军屯驻虞国住。㉗执：抓

古文观止

卷一 春秋文一

子鱼论战① 《左传》

原文

楚人伐宋以救郑。②宋公将战,大司马固谏曰:③"天之弃商久矣,君将兴之,弗可赦也已!"④弗听。

及楚人战于泓。⑤宋人既成列,楚人未既济,司马曰:⑥"彼众我寡,及其未既济也,请击之。"公曰:"不可。"既济而未成列,又以告。⑦公曰:"未可。"既陈而后击之,宋师败绩。⑧公伤股,门官歼焉。⑨

国人皆咎公。⑩公曰:"君子不重伤,不禽二毛。⑪古之为军也,不以阻隘也。⑫寡人虽亡国之馀,不鼓不成列。"⑬子鱼曰:"君未知战。⑭勍敌之人,隘而不列,天赞我也。⑮阻而鼓之,不亦可乎?犹有惧焉。⑯且今之勍者,皆吾敌也。虽及胡耇,获则取之,何有于二毛?⑰明耻、教战,求杀敌也。⑱伤未及死,如何勿重?⑲若爱重伤,则如勿伤;⑳爱其二毛,则如服焉。㉑三军以利用也,金鼓以声气也。㉒利而用之,阻隘可也。声盛致志,鼓儳可也。"㉓㉔

选自《左传·僖公二十二年》

注释

①子鱼:宋襄公庶兄。论战:论述有关作战的原则。②楚人伐宋以救郑:鲁僖公二十二年(前638)夏天,宋襄公为与楚争霸中原,率领许、卫、滕等国军队攻打依附楚国的郑国,楚国为救援郑国而发兵攻打宋国。③宋公:即宋襄公,公元前650年至前637年在位。大司马:古代掌管全国军政大权的官员。固:即公孙固,宋庄公的孙子,时任宋国大司马。④弃商久矣:西周灭商后,封商纣王庶兄微子于宋,其地在商朝的

旧都，因此宋国为商朝后裔，而商朝公元前11世纪就灭亡了，到宋襄公的时候已历时四百余年，所以才这么说。弗可赦：意思是要再复兴商即违背天意，不会允许。赦，赦免，这里的意思是允许。也已：表肯定语气，相当于今天的"的呢"。⑤及：与。泓(hóng)：古水名，在今河南柘城西。⑥既成列：已经排好战斗行列，即已摆开阵势。既，已经。未既济：还未全部渡过泓水。既，尽，完全；济，渡。司马：大司马的省称，即公孙固。⑦又以告：再次劝告宋襄公出击。⑧陈(zhèn)：通"阵"，指摆开阵势。败绩：指军队溃散。⑨股：大腿。门官：国君的亲兵，平时守门，战时护君。歼：这里指全被打死。焉：句末语气词，相当于今天的"了"。⑩国人：都城中的人。咎：责怪，归罪于。⑪重(chóng)伤：对已经受伤者再次加以伤害。禽：通"擒"。二毛：头发花白，指老年人。⑫为军：指用兵方法。不以阻隘：不凭借敌人遇险隘时阻击而取胜。阻隘，意为"阻其隘"，即趁敌人遇险隘时而阻击他。⑬亡国之余：已灭亡的国家的后裔。鼓：击鼓进军，发动攻击。⑭未知战：意为不懂得怎么打仗。⑮勍(qíng)敌：强敌。赞：助。⑯阻而鼓之：将敌人加以拦截而攻击他们。⑰犹有惧焉：对此还担心不能取胜。焉，兼词，意为"于此"。⑱胡耇(gǒu)：年老的人。"胡"和"耇"都是高寿的意思。获则取之：抓到后就割下左耳，收为俘虏。取，割下左耳。古时作战以获取左耳多少论功行赏。何有：根据上下文可译作"有什么不忍心"。⑲明耻：使懂得什么是耻辱。明，意为"使……明"。教战：教给作战方法。⑳如何：何如，当。㉑爱：可怜。㉒服：屈服，投降。㉓三军以利用也：意为军队应当趁着有利时机进行作战。三军，这里是泛指军队。气，意为使士气鼓舞。金鼓以声气：鸣金击鼓是为了用声音鼓舞士气。金鼓，都是军中乐器，这里意为鸣金击鼓。㉔声盛致志：鼓声大作，使兵士斗志昂扬。鼓儳(chán)：击鼓进攻不成阵势的敌人。儳，混乱，不成阵势。

古文观止

卷一 春秋文一

一七

古文觀止

卷一 春秋文一

寺人披見文公①

《左傳》

原文

呂、郤畏逼，將焚公宮而弒晉侯。②寺人披請見。公使讓之，且辭焉，③曰：『蒲城之役，君命一宿，女即至。④其後余從狄君以田渭濱，女為惠公來求殺余。命女三宿，女中宿至。⑤雖有君命，何其速也？夫袪犹在，女其行乎！』⑦對曰：『臣謂君之入也，其知之矣；若犹未也，又將及難。⑧君之惡，唯力是視。⑨蒲人、狄人，余何有焉？⑩今君即位，其無蒲、狄乎？⑪齊桓公置射鉤而使管仲相。⑫君若易之，何辱命焉？⑬行者甚眾，豈唯刑臣！』⑭

公見之，以難告。⑮晉侯潛會秦伯于王城。⑯己丑晦，公宮火。⑰瑕甥、郤芮不獲公，乃如河上，秦伯誘而殺之。⑱

選自《左傳·僖公二十四年》

注釋

①寺人：古代宮廷內臣，即現在所說的宦官。披：即勃鞮（dī）。見（xiàn）：謁見。文公：指晉文公。

②呂、郤（xì）：呂甥（呂飴甥，亦即瑕呂飴甥，又稱瑕甥）、郤芮（ruì），二人均為晉大夫，是擁護晉惠公、晉懷公的舊臣。畏逼：害怕遭受（重耳）迫害。公：即晉文公。弒（shì）：古時稱子殺父、臣殺君為弒。晉侯：這裡是指晉文公。

③使：派人。讓：斥責。辭：拒絕接見。

④蒲城之役：僖公五年（前655）寺人披奉獻公的命令攻打重耳居住地蒲城（今山西隰縣西北），重耳逃走，被趕上砍掉一隻衣袖。一宿

雪竹文禽图 宋·黄筌

此图的笔法十分工细，先作淡墨而后用色彩渲晕，并分许多层次，完全符合画史所记黄筌的艺术形式。黄筌所画，不妄下笔，花竹师滕昌祐，山水师李异，鹤师薛稷，然其所学，笔意豪瞻，脱去格律，过诸公为多。所以筌画兼有众体之妙，凡山花野草，幽禽异兽，溪岸江岛，钓艇古槎，莫不精绝。

（xiǔ）：隔一夜。女：同『汝』，你。⑤余：我。狄（dí）：亦作『翟（dí）』，春秋时生活在北方的少数民族。重耳的母亲就是狄人。田：打猎。渭滨：渭水岸边。惠公：即夷吾，献公的儿子，献公死后即位。⑥中宿：隔两夜。⑦夫：指示代词，在这里用作定语，同『彼』或『此』。祛（qū）：衣袖。其：副词，表命令语气。⑧入：这里是指晋文公回到国内。其知之：该懂得为君之道。及难：遭遇灾难。⑨君命无二：执行君王命令不能三心二意。唯力是视：意为只看自己有多大力量，就尽多大力量。焉，兼词，相当于『于此』。⑩余何有焉：我与他们有什么关系呢。何有，有什么关系。⑪其无蒲、狄乎：难道就没有像在蒲、狄时那样的灾难了吗？其，副词，表揣度语气，相当于『岂』，难道。⑫齐桓公置射钩而使管仲相：鲁庄公九年（前685），管仲奉公子纠与公子小白（即齐桓公）战于乾时（今山东临淄东南），管仲曾射中桓公革带上之钩。后管仲投奔桓公，桓公能听鲍叔牙劝说，置射钩而使管仲为相。⑬易之：改变齐桓公当年『置射钩而使管仲相』的做法。何辱命焉：何劳您屈尊下命令（赶我走）呢？焉，句

介之推不言禄① 《左传》

原文

晋侯赏从亡者,介之推不言禄,禄亦弗及。②

推曰:"献公之子九人,唯君在矣。③惠、怀无亲,外内弃之。天未绝晋,必将有主。主晋祀者,非君而谁?④天实置之,而二三子以为己力,不亦诬乎?⑤窃人之财,犹谓之盗,况贪天之功以为己力乎?下义其罪,上赏其奸;⑥上下相蒙,难与处矣。"⑦

其母曰:"盍亦求之?⑧以死,谁怼?"⑨对曰:"尤而效之,罪又甚焉。⑩且出怨言,不食其食。"⑪其母曰:"亦使知之,若何?"对曰:"言,身之文也;⑫身将隐,焉用文之?⑬是求显也。"其母曰:"能如是乎?与汝偕隐。"遂隐而死。

晋侯求之不获,以绵上为之田,曰:"以志吾过,且旌善人。"⑭

选自《左传·僖公二十四年》⑮

注释

①介之推:即介推。又称介子推。晋国贵族。相传他淡薄名利,不同流俗而隐居绵山,晋文公放火烧山

古文觀止

卷一 春秋文一

展喜犒師①

《左傳》

原文

齊孝公伐我北鄙。②公使展喜犒師，使受命於展禽。③齊侯未入竟，展喜從之，曰："寡君聞君親舉玉趾，將辱於敝邑，使下臣犒執事。"④齊侯曰："魯人恐乎？"對曰："小人恐矣，君子則否。"齊侯曰：

逼他出來，他與母親誓不出山直至被燒而死。後人因此用寒食禁火的風俗來紀念他。不言祿：不說出自己的功勞來邀封賞。祿，這裏指采邑和爵位。②晉侯：指晉文公重耳。晉是侯爵，所以這麼稱呼。從亡者：曾跟隨重耳出亡諸臣。弗及：沒有輪上封賞。及，到。這裏是指輪上。③君：指晉文公。④惠：指晉惠公。懷：指晉懷公，惠公之子。⑤主晉祀者：主持晉國祭祀的人，即晉國國君。⑥實：通"寔"，相當於"是"。置：安排。二三子：指"從亡者"。誣：欺騙。⑦下義其罪：在下的（從亡者）把那犯罪（貪天之功）當成正義。義，動詞，意為"把……當成正義"。奸：欺詐。⑧蒙：蒙蔽，蒙騙。⑨盇（hé）：副詞，表反問。焉：兼詞，意思是如果這樣做。顯：顯達。這裏指讓人知道。⑩以……因而。誰懟（duì）："懟誰"的倒裝，意為怨恨誰。懟，怨恨。⑪尤：過錯。效：仿效。焉：相當於"於此"。⑫不食其食：不應該接受晉文公的封賞。前一"食"為動詞，意為接受；後一"食"為名詞，意為封賞。⑬言，身之文也：人說出的話是他自身的文飾。文，文飾，外表。⑭焉：哪裏。是：這樣。⑮綿上：晉國地名，在今山西介休東南四十里介山之下，山即因之得名。為之田：做他的祭田。之，物主代詞，他的。志：記下。旌：表彰。

①為介之推隱居處，山即因之得名。

古文观止 卷一 春秋文一

『室如县罄，野无青草，何恃而不恐？』⑤对曰：『恃先王之命。⑥昔周公、大公股肱周室，夹辅成王。⑦成王劳之，而赐之盟，曰："世世子孙，无相害也！"⑧载在盟府，大师职之。⑨桓公是以纠合诸侯，而谋其不协，弥缝其阙，而匡救其灾，昭旧职也。⑩及君即位，诸侯之望曰："其率桓之功。"⑪我敝邑用不敢保聚，曰："岂其嗣世九年，而弃命废职？其若先君何？君必不然。"⑫恃此以不恐。』齐侯乃还。

选自《左传·僖公二十六年》

注释

① 展喜：即乙喜。鲁国大夫。展禽的弟弟，公孙展的后人。犒（kào）：用酒食来慰劳军队。师：这里指齐国军队。② 齐孝公：齐桓公之子。我：指鲁国，《左传》作者为鲁国人，所以称鲁国为『我』。北鄙：北部边邑。③ 公：指鲁僖公。受命：接受教导。展禽：鲁国大夫。又称柳下惠。④ 齐侯：指齐孝公。竟：通『境』，指鲁国国境。从之：迎见，陪从。玉趾：对别人行止的敬称，相当于『贵步』。辱于敝邑：来到我们国家是使您蒙受耻辱的事。这是一种恭维对方以示自谦的说法。敝邑，对自己国家的谦称。执事：在国君身边供使令的人。古代不直说某人，而只称其身边办事的人，以表示自己不敢与对方平等，是对对方的敬称。⑤ 县（xuán）罄：悬挂着的罄。罄，通『磬』，为打击乐器，其形制中央高起，两端下垂，中间空洞无物，以此比喻空贫乏之极。青草：指蔬食，草木果实之类。⑥ 先王：指周成王。⑦ 周公：即姬旦。周武王之弟。曾辅佐武王灭商。武王死后成王年幼，周公摄政。其长子伯禽始封于鲁。大（tài）公：指姜太公。股肱（gōng）：大腿和胳膊，这里是喻指辅佐国君的得力大臣。夹辅：从左右辅佐。成王：周成王。⑧ 劳：慰劳。盟：盟约。世世子孙，无相害

烛之武退秦师 ①

《左传》

原文

晋侯、秦伯围郑,以其无礼于晋,且贰于楚也。晋军函陵,秦军氾南。③辞曰:"臣之壮也,犹不如人;今老矣,无能为也已!"⑥公曰:"吾不能早用子,今急而求子,是寡人之过也。然郑亡,子亦有不利焉!"⑦许之。

夜,缒而出。⑧见秦伯曰:"秦、晋围郑,郑既知亡矣。若亡郑而有益于君,敢以烦执事。⑨越国以鄙远,君知其难也,焉用亡郑以陪邻?⑩邻之厚,君之薄也。若舍郑以为东道主,行李之往来,共其乏困,君亦无所害。⑪且君尝为晋君赐矣,许君焦、瑕,朝济而夕设版焉,君之所知也。⑫夫晋,何厌之有?既东封

也……此句既为成王之命,又是盟约内容。⑨载……指记载盟约的文件。盟府……古代收藏盟誓策典的地方。大师……当作"大史",即"太史"。周朝定制,太史主藏"载书"。职……执掌,主管。⑩桓公……指齐桓公,公元前685年至前643年在位。纠合……联合。不协……不和。弥缝其阙……弥补他们之间的裂痕。阙,通"缺",缺失。匡救……匡正挽救。昭……彰显,显扬。⑪诸侯之望……诸侯们都盼望说。其……副词,表揣测语气,当会。⑫用……因此,所以。保聚……守城聚众,意指修筑城廓,集结军队,缮治甲兵。曰……表心口相商之词。嗣世……继世而为君。其若先君何……该怎样对待先君。

师……当作"大史",即"太史"。

晋侯、秦伯围郑,以其无礼于晋,且贰于楚也。晋军函陵,秦军氾南。②佚之狐言于郑伯曰:"国危矣!若使烛之武见秦君,师必退。"⑤公从之。

古文觀止 卷一 春秋文一

郑,又欲肆其西封。⑬若不阙秦,将焉取之?阙秦以利晋,唯君图之!」秦伯说,与郑人盟,使杞子、逢孙、杨孙戍之,乃还。⑮子犯请击之,公曰:「不可,微夫人之力不及此。⑰因人之力而敝之,不仁;失其所与,不知;以乱易整,不武,吾其还也。」⑱亦去之。⑲

选自《左传·僖公三十年》

注释

① 烛之武:郑国大夫烛武。之,助词,放在姓和名之间,无实义。

② 晋侯:指晋文公。秦伯:指秦穆公。郑:国名,在今河南中部。以……因:借口。无礼于晋:指晋文公当年以太子身份流亡时,路经郑国,郑文公不以礼相待。贰于楚:对晋国有二心而接近楚国。实指郑虽参加了晋文公所主持的在践土(地当今河南原阳西南武陟东南处)王宫的会盟,但到晋、楚城濮之战时,却又派兵助楚准备联合攻晋之事。贰,两属。

③ 军:驻扎。函陵:古代地名,在今河南省新郑北十三里处。氾(fán)南:氾水以南。

④ 佚之狐:郑国大夫。郑伯:指郑文公,公元前672年至前628年在位。

⑤ 使:派遣。

⑥ 辞:推辞,谢绝。臣之壮:臣在壮年的时候。也已:两个语气词连用,表肯定语气,相当于今天的『了呢』。

⑦ 焉:句末语气词,表示肯定,相当于今天的『了』、『呢』。 ⑧ 缒(zhuì):系在绳子上往下放。

⑨ 敢:谦词。烦:麻烦。执事:古代君王身边办事的人。这里实指秦穆公本人。 ⑩ 越国:相当于『冒昧』。

⑪ 东道主:东方道路上待客的主人。指郑在秦东,可以招待过往秦客。行李:外交使臣,亦作『行理』。共(gōng):通『供』,供问代词,表反问。亡郑以陪邻:灭亡郑国扩大邻国的领土。陪,通『倍』,增大。鄙远:把远方的土地作为边邑。鄙,作边邑。焉:何必,疑指越过晋国。秦军往东进攻郑国,要经过晋国。

二四

古文觀止 卷一 春秋文一

蹇叔哭師① 《左傳》

原文

杞子自鄭使告于秦曰：②"鄭人使我掌其北門之管，若潛師以來，國可得也。"③穆公訪諸蹇叔。④蹇叔曰："勞師以襲遠，非所聞也。⑤師勞力竭，遠主備之，無乃不可乎？⑥師之所為，鄭必知之；勤而無所，必

應。乏困⋯⋯指食宿方面的不足。⑫嘗為晉君賜⋯⋯指秦穆公曾經派兵護送晉惠公回晉國即位。為，給予，賜，恩惠，好處。焦、瑕(xiá)⋯⋯均為晉國城邑。焦，在今河南三門峽西郊；瑕，在今河南陝縣南四十里處。濟⋯⋯渡河。設版⋯⋯修築防御工事。版，版筑的土墻，即防御工事。⑬夫⋯⋯相當于"那"。何厭之有⋯⋯哪里會有滿足的時候。厭，通"饜"，滿足。封鄭⋯⋯把疆土擴展到鄭國。封，這里是擴展疆界的意思。肆⋯⋯這里是肆意擴張的意思。⑭闕秦⋯⋯損害秦國（領土）。闕，通"缺"，虧缺，損害。唯君圖之⋯⋯愿您考慮其中的利害得失。唯，副詞，用在句首，表希望，祈使。⑮說(yuè)⋯⋯通"悅"。即心悅誠服。杞(qǐ)子、逢(páng)孫、楊孫⋯⋯三人都是秦國大夫。戍之⋯⋯駐守鄭國。⑯子犯⋯⋯指晉國大夫狐偃，又稱"舅犯"。⑰微⋯⋯如果不是。夫(fú)人⋯⋯那個人。夫，遠指代詞，相當于"那""那個"。及此⋯⋯到這一步。指晉文公回國當了晉國國君。⑱因⋯⋯依靠，借助。敝⋯⋯損害，傷害。所與⋯⋯所聯合者。這里是指同盟國。知(zhì)⋯⋯通"智"。亂⋯⋯戰亂。易⋯⋯代替。整⋯⋯協和一致。武⋯⋯威武。其⋯⋯副詞，表祈使、命令語氣。⑲去⋯⋯離開。這里指撤兵。

古文觀止 卷一 春秋文一

有悖心；且行千里，其誰不知？」公辭焉。⑧召孟明、西乞、白乙，使出師於東門之外。⑨

蹇叔哭之，曰：「孟子！吾見師之出，而不見其入也！」⑩公使謂之曰：「爾何知？中壽，爾墓之木拱矣！」⑪

蹇叔之子與師，⑫哭而送之，曰：「晉人禦師必於殽。⑬殽有二陵焉：其南陵，夏后皋之墓也；其北陵，文王之所辟風雨也。⑭必死是間，余收爾骨焉！」⑮秦師遂東。⑯

選自《左傳·僖公三十二年》

注釋

①蹇(jiǎn)叔：秦國大夫，為秦國老臣。哭師：哭著送別秦軍出征。②杞(qǐ)子：秦國大夫。魯僖公三十年（前630），秦曾發兵與晉聯合伐鄭，後秦穆公與鄭人訂立盟約回師，派杞子等三人留駐，監視鄭國動向。使：派人。③管：鎖，潛師：暗中發兵。潛，這裡是暗中行動的意思。師，指發兵。④穆公：即秦穆公。訪：徵求意見。諸：兼詞，相當於『之於』。⑤勞：使……疲勞。襲：偷襲，侵襲，這裡是指趁對方不備發動進攻。⑥遠主：遠方國家的國君。無乃：不是，恐怕，表委婉語氣。⑦勤而無所：辛勞卻無所得。悖(bèi)：怨恨，叛離。其：副詞，表反問語氣，相當於『豈』、『難道』。⑧辭：拒絕，不接受。焉：兼詞，相當於『於此』。⑨孟明：秦國將領。秦國元老百里奚之子，為此次軍事行動的主帥。西乞：秦國將領。白乙：秦國將領。⑩哭之：『哭而送之』的省語。孟子：即孟明。⑪中壽：中等壽命。墓之木……拱：墳墓上栽的樹，古時墳墓上按死者生前地位高低栽不同的樹。拱，兩手合抱那麼粗。這句是秦穆公咒罵蹇叔的話，意思是你這早就該死而現在還不死的老東西，如今你墳上的樹都該有兩手合抱那

⑫蹇叔之子与师：蹇叔的两个儿子也参加了此次出征的军队。据《吕氏春秋·悔过篇》载："蹇叔有子曰申与视，与师偕行。"与（yù），参与，"在……中"。⑬御：截击。殽（xiáo）：又作"崤"，山名，在今河南洛宁西北，西接陕县界，东接渑池界，地势十分险峻，当时为晋国的要道关塞。⑭二陵：殽山的两座主峰，即南陵与北陵。南陵称西殽山，北陵称东殽山，二者相距三十五里。陵，大山。焉：此为表陈述语气词。夏后皋（gāo）：夏朝国君，夏桀的祖父。后，君主。文王：周文王，姬昌。所辟风雨：躲避风雨之处。辟，通"避"。⑮是间：这中间。焉：兼词，相当于"于此"。⑯东：向东进发。

古文觀止

卷二 春秋文二

齊國佐不辱命① 《左傳》

原文

晉師從齊師，入自丘輿，擊馬陘。②齊侯使賓媚人賂以紀甗、玉磬與地。③「不可，則聽客之所為。」④賓媚人致賂，晉人不可，曰：「必以蕭同叔子為質，而使齊之封內盡東其畝。」⑤對曰：「蕭同叔子非他，寡君之母也；若以匹敵，則亦晉君之母也。⑥吾子布大命於諸侯，而曰必質其母以為信，其若王命何？⑧且是以不孝令也。⑨《詩》曰：『孝子不匱，永錫爾類。』⑩若以不孝令於諸侯，其無乃非德類也乎？⑪先王疆理天下，物土之宜，而布其利。⑫故《詩》曰：『我疆我理，南東其畝。』⑬今吾子疆理諸侯，而曰『盡東其畝』而已，唯吾子戎車是利，無顧土宜，其無乃非先王之命也乎？⑭反先王則不義，何以為盟主？其晉實有闕。⑮四王之王也，樹德而濟同欲焉；⑯五伯之霸也，勤而撫之，以役王命。⑰今吾子求合諸侯，以逞無疆之欲。⑱《詩》曰：『敷政優優，百祿是遒。』⑲子實不優，而棄百祿，諸侯何害焉！⑳不然，寡君之命使臣，則有辭矣。㉑曰：『子以君師辱於敝邑，不腆敝賦，以犒從者。㉒畏君之震，師徒橈敗。㉓吾子惠徼齊國之福，不泯其社稷，使繼舊好，惟是先君之敝器、土地不敢愛。㉔子又不許，請收合餘燼，背城借一。㉕敝邑之幸，亦云從也；況其不幸，敢不惟命是聽！』」㉖

選自《左傳·成公二年》

注释

① 国佐（?~前573）：一作国差，即国武子。齐国上卿。辱命：辜负君主的命令。② 从：追击。入自丘舆：即"自丘舆入"。丘舆，齐国地名，在今山东青州西南。马陉（xíng）：齐国地名，在今山东青州西古丘舆北。③ 齐侯：指齐顷公，公元前598年至前582年在位。赂：指以财物（包括土地、礼器等）赠送给人。纪甗（yǎn）：纪国的甗。纪，古国名，在今山东寿光南，为齐国所灭。甗，古代炊器，蒸煮两用，由陶或青铜制成，形状像圆鼎。玉磬（qìng）：玉石制成的磬，古代打击乐器。④ "不可"两句：如果晋不同意讲和，就听其所为。言外指齐将奋起抵抗。可：允许，同意。客：即下文"晋人"。指郤（xì）克，时任晋军主帅。⑤ 致：送上。赂：指送人的财物（包括土地、礼器等）。⑥ 萧同叔子：齐顷公的母亲。同叔，即萧君，齐顷公的外祖父。子，这里指女儿。鲁宣公十七年（前592），齐顷公的母亲曾在房帷内讥笑当时为晋使者的郤克跛足，郤克有意报复，偏要她充当人质。封内：疆域内，即境内。尽东其亩：使田地的垄垄全部改成东西走向。晋在齐西，这样做，是为以后晋攻齐时便于兵车行进。东，使……东西走向。⑦ 匹敌：对等，相当。⑧ 吾子：对对方的尊称，这里是指晋主帅郤克。布：宣布。大命：重大的命令。质其母：把他（齐顷公）的母亲作为人质。质，动词，把……当作人质。其若王命何：将怎样对待周王子的命令呢？其，副词，表时间，相当于"将"；若，对待；王命，这里是指先王倡导的孝道。⑨ 且是以不孝令也：况且这是让天下人都去做不孝的事啊。且，况且。⑩《诗》：《诗经》。所引诗句见于《诗经·大雅·既醉》。匮（kuì）：乏，尽。锡（sì）：通"赐"，给，多用于上对下。类：同类，指与孝子同类的人。⑪ 其：副词，表揣测，相当于"大概"。无乃：表委婉语气，相当于"莫非""恐怕是"。德类：树德于同类，指为诸侯树

古文观止

卷二 春秋文二

二九

古文觀止 卷二 春秋文二

⑫疆：划分田界。理：治理田沟。物：察看。土之宜：土地适合于怎样利用。布：安排。⑬以下所引诗句见于《诗经·小雅·信南山》。南、东，均为使动用法，意思是『使……南北走向』，『使……东西向走向』。⑭戎车：兵车。⑮其：副词，这里以委婉语气表判断。阙：过失。⑯四王：四代之王，指舜、禹、汤、武（或文）。此句下一『王』字为动词，即『王天下』。树：立。济同欲：满足共同愿望。济，满足。焉：语气词，表示肯定，相当于『呢』『呀』。⑰五伯（bà）：五位诸侯盟主，指夏伯昆吾、商伯大彭和豕韦、周伯齐桓和晋文。伯，通『霸』。『霸』与上文『王』对言，『王』指掌管天下者，『霸』指拥戴共主者。与战国后『王』『霸』对言意义有所不同。勤：辛劳。抚：安抚。之：代指其他诸侯。以役王命：为王命效力。役，效力。⑱合：结盟。逞：满足。无疆：无止境。⑲所引诗句见于《诗经·商颂·长发》。敷政：施政。优优：宽和的样子。百禄：即各种各样的福禄。道(qiú)：聚集。⑳焉：语气词，表反诘，相当于『呢』。㉑不然：不答应。辞：言辞、话语。㉒子：指郤克。辱于敝邑：屈驾光临鄙国。朓(tiǎn)：丰厚。敝赋：可译作『我们的军队』。赋，军队。犒(kào)：慰劳。此处为外交辞令，指与晋军作战。㉓震：威。挠(náo)败：失败。㉔惠：敬辞，可译为蒙您施惠。徼(yāo)：求。泯(mǐn)：灭。⑮又：再，仍然。请：愿意。收合：收拾集合。馀烬：烧残的灰。这里喻指残余部队。背城借一：背靠着城，借此决一死战。㉖敝邑之幸：我们国家如果侥幸取得胜利。亦云从也：也还要服从您的命令。云，句中助词，无实义；从，服从。不幸：指不幸战败。敢不惟命是听：哪里敢不绝对听从您的命令呢？

楚归晋知罃① 《左传》

原文

晋人归楚公子穀臣与连尹襄老之尸于楚，以求知罃。②于是荀首佐中军矣，故楚人许之。③

王送知罃，曰："子其怨我乎？"对曰："二国治戎，臣不才，不胜其任，以为俘馘，执事不以衅鼓，使归即戮，君之惠也。⑤臣实不才，又谁敢怨？"⑥王曰："然则德我乎？"⑦对曰："二国图其社稷，而求纾其民，⑧各惩其忿，以相宥也。⑨两释累囚，以成其好。⑩二国有好，臣不与及，其谁敢德？"⑪王曰："子归，何以报我？"对曰："臣不任受怨，君亦不任受德，无怨无德，不知所报。"⑫王曰："虽然，必告不穀。"⑬对曰："以君之灵，累臣得归骨于晋，寡君之以为戮，死且不朽。若从君惠而免之，以赐君之外臣首；首其请于寡君，而以戮于宗，亦死且不朽。若不获命，而使嗣宗职，次及于事，而帅偏师以修封疆，虽遇执事，其弗敢违。⑯其竭力致死，无有二心，以尽臣礼，所以报也。"⑰王曰："晋未可与争！"重为之礼而归之。⑱

注释

① 归：使……归。知罃（yīng）：指晋大夫荀罃。鲁宣公十二年（前597）晋、楚邲（今河南荥阳北）之战时被楚军俘虏。② 公子穀臣：楚庄王的儿子。老：人名。邲之战时，晋俘公子穀臣，获连尹襄老之尸。③ 于是：在这个时候。是，这。荀首：晋国上卿，知罃的父亲。即庄子，佐中军……中军

选自《左传·成公三年》

古文觀止 卷二 春秋文二

副帅。晋军设中军、左军、右军三军，主帅亲率中军，故称副帅为佐中军。佐，辅佐，副。④王：指楚共(gōng)王，公元前590年至前560年在位。子：你，即知䓨。其：副词，表推测语气，相当于『大概』、『恐怕』。怨：恨。⑤治戎：治兵，作战。这里指交战。以为俘馘：因此成了俘虏。以，因(此)。俘馘，指俘虏。馘，割取敌人尸首的左耳。古代计算割取左耳的多少来论功行赏。当年知䓨实被俘，未被馘，此『馘』仅为连类而及之词，无实义。执事：古代君王身边办事的人。实际上是指楚共王。不直称其人，表示恭敬。衅(xìn)鼓：古代的一种祭礼，凡新完成的重要器物都要用牲畜（牛、羊、猪）的血涂抹钟鼓。又，有以俘囚祭鼓者。此指杀戮。即戮：受死。惠：恩德。⑥又谁敢怨：即『又敢怨谁』。⑦然则：连词，可译为『既然如此，那么……』。德我：感恩戴德于我。德，指感恩戴德。⑧图其社稷：为本国打算。图，打算。社稷，古代帝王、诸侯所祭祀的土神（社）和谷神（稷）。后常借指国家。纾(shū)：缓解，解除(苦难)。⑨各惩其忿：各自抑制愤怒。惩，惩戒，抑制。忿，愤怒。宥(yòu)：原谅，宽恕。⑩释：放。累囚：被拘禁的囚犯。累，捆绑。成：成就，促成。好(hǎo)：友好关系。⑪有好：即友好。有，通『友』。及：没有关系，不相干。与，关系，相干。及，涉及。其谁敢德：哪里敢感恩于谁。其，副词，表反问语气，相当于『岂』、『难道』。⑫不任受：承受不了，担当不起。任受，承受，担当。⑬虽：即使。虽，即使这样。不穀：不善。在《左传》中，都是天子自贬之称。楚僭称王，亦仿天子自贬之称以称己。⑭以君之灵：托您的福。灵，威灵，福佑。累臣：被囚禁的臣子，即上文之『累囚』。之以为戮：即『以之为戮』，因此被杀。不朽：永存，永不磨灭(多指精神，事业等)。⑮从……因。以赐君之外臣首：把我交给您的外臣荀首。外臣，在其他国家的国君面前对本国臣子的(恩)。

吕相绝秦① 《左传》

原文

晋侯使吕相绝秦，曰：②『昔逮我献公及穆公相好，戮力同心，申之以盟誓，重之以昏姻。③天祸晋国，文公如齐，惠公如秦。④无禄，献公即世。⑤穆公不忘旧德，俾我惠公用能奉祀于晋。⑥又不能成大勋，而为韩之师。⑦亦悔于厥心，用集我文公，是穆之成也。⑧

『文公躬擐甲胄，跋履山川，逾越险阻，征东之诸侯——虞、夏、商、周之胤——而朝诸秦，则亦既报旧德矣。⑨郑人怒君之疆场，我文公帅诸侯及秦围郑。⑩秦大夫不询于我寡君，擅及郑盟。⑪诸侯疾之，将致命于秦。⑫文公恐惧，绥靖诸侯，秦师克还无害，则是我有大造于西也。⑬

称呼，这里指知䓨的父亲荀首，即荀首。其：如果。以戮于宗：按家法在宗庙内处死。⑯嗣宗职：继承祖上职位。次及于事：按次序轮到我主持军务。事，指军务。帅：通『率』，率领。偏师：非主力军。为谦词。修封疆：治理边境事务。修，治理，这里意为保卫。虽遇执事：即使遇上您。虽，即使。其弗敢违：也将不敢违背晋的使命。弗，相当于『不……之』。⑰其竭力致死：将要竭尽全力，直至舍弃生命。其，副词，将要。尽臣礼：尽到做臣子的本分。所以报（楚）。以上几句皆为表示将与楚拼死交战的外交辞令。⑱重（zhòng）为之礼：为知䓨举行隆重的礼仪。重，隆重。礼，举行……礼。归之：使之归，放他回。归，使动用法。

① 吕相绝秦：
② 晋侯使吕相绝秦，曰：
③ 昔逮我献公……重之以昏姻。
④ 文公如齐，惠公如秦。
⑤ 无禄，献公即世。
⑥ 穆公不忘旧德，俾我惠公用能奉祀于晋。
⑦ 又不能成大勋，而为韩之师。
⑧ 亦悔于厥心，用集我文公，是穆之成也。
⑨ 文公躬擐甲胄……则亦既报旧德矣。
⑩ 郑人怒君之疆场，我文公帅诸侯及秦围郑。
⑪ 秦大夫不询于我寡君，擅及郑盟。
⑫ 诸侯疾之，将致命于秦。
⑬ 文公恐惧，绥靖诸侯，秦师克还无害，则是我有大造于西也。

"无禄，文公即世，穆为不吊，蔑死我君，寡我襄公，迭我殽地，奸绝我好，伐我保城，殄灭我费滑，散离我兄弟，挠乱我同盟，倾覆我国家。我襄公未忘君之旧勋，而惧社稷之陨，是以有殽之师。犹愿赦罪于穆公。穆公弗听，而即楚谋我。

"穆、襄即世，康、灵即位。康公我之自出，又欲阙剪我公室，倾覆我社稷，帅我蟊贼，以来荡摇我边疆，我是以有令狐之役。康犹不悛，入我河曲，伐我涑川，俘我王官，剪我羁马，我是以有河曲之战。东道之不通，则是康公绝我好也。

"及君之嗣也，我君景公引领西望曰：'庶抚我乎！'君亦不惠称盟，利吾有狄难，入我河县，焚我箕、郜，芟夷我农功，虔刘我边陲。我是以有辅氏之聚。君亦悔祸之延，而欲徼福于先君献、穆，使伯车来命我景公曰：'吾与女同好弃恶，复修旧德，以追念前勋。'言誓未就，景公即世，我寡君是以有令狐之会。君又不祥，背弃盟誓。白狄及君同州，君之仇雠，而我之昏姻也。君来赐命曰：'吾与女伐狄。'寡君不敢顾昏姻，畏君之威，而受命于吏。君有二心于狄，曰：'晋将伐女。'狄应且憎，是用告我。楚人恶君之二三其德也，亦来告我曰：'秦背令狐之盟，而来求盟于我，昭告昊天上帝、秦三公、楚三王曰：「余虽与晋出入，余唯利是视。」'不穀恶其无成德，是用宣之，以惩不一。"

诸侯备闻此言，斯是用痛心疾首，昵就寡人。寡人帅以听命，唯好是求。君若惠顾诸侯，矜哀寡人，而赐之盟，则寡人之愿也，其承宁诸侯以退，岂敢徼乱？君若不施大惠，寡人不佞，其不能以诸侯退矣。敢尽布之执事，俾执事实图利之！"

选自《左传·成公十三年》

注释

① 吕相：即魏相。晋国大夫，魏锜之子。绝秦：与秦断绝外交关系。② 晋侯：指晋厉公，公元前580年至前573年在位。曰：以下为绝交书全文。可能即为吕相执笔，也可能仅由吕相传递。③ 昔逮：往昔以前。表示追述晋、秦以前邦交历史。逮，往昔，以前。献公：晋献公，公元前676年至前651年在位。穆公：秦穆公，公元前659年至前621年在位。戮力：勉力。戮，通『勠』，并，勉。申：申明。盟誓：盟约。重（zhòng）：加重。昏姻：即『婚姻』，指秦穆公娶晋献公女儿一事。④ 天祸晋国：指晋献公夫人骊姬之乱。献公宠爱骊姬，想要立骊姬生的儿子奚齐为太子，群公子纷纷蒙难，太子申生被迫自缢，重耳、夷吾等先后逃出晋国而流亡。文公如齐：晋文公重耳曾流亡到卫、齐、郑、楚、秦诸国，这里也仅仅举齐一国概之。如，到、往。下句『如』字意同。惠公如秦：晋惠公夷吾曾流亡到梁、秦，这里也仅仅举秦一国概之。⑤ 无禄：无福禄，不幸。即世：去世。即，弃。⑥ 旧德：过去的恩情。德，指恩情。⑦ 大勋：大功。⑧ 厥（jué）：其，代词。韩之师：发动韩原之战。指僖公十五年（前645），秦伐晋，交战于韩地，晋惠公被俘。⑨ 躬擐（huàn）甲胄（zhòu）：亲自穿上铠甲，戴上头盔。指秦穆公派兵护送重耳回国成为国君一事。躬，亲自；擐，穿上；甲胄，头盔。跋履：跋涉，跋山涉水。征：征集，率领。虞：古代的朝代名，即舜在位之朝。胤（yìn）：后代。指陈、杞、宋、鲁这些国家。朝诸秦：归顺于秦。朝，归顺；诸，于。⑩ 怒：侵犯。疆场（yì）：边境。场，疆界。帅诸侯及秦围郑：事在僖公三十年（前630）。起因于晋文公以前流亡时，经过郑国而不被郑文公以礼相待，遂

卷二 春秋文二

三五

古文观止 卷二 春秋文二

一直耿耿于怀。此次发兵围郑，实难免有寻衅报复成分。帅，即"率"。⑪秦大夫：委婉之词，与郑盟者实为秦穆公。询：征求意见。寡君：对外称本国国君。擅：自作主张。及：与，和。⑫疾：痛恨。致命于秦：同秦国拼命。致，竭尽。⑬绥靖：安抚。克：能够。还(huán)：返回。害：损伤。造：恩德。西：指秦国。⑭吊：吊唁。蔑死我君：即"蔑我死君"，蔑视我们死去的国君。寡我襄公：以我们襄公为幼弱可欺。寡，以……为寡。襄公，文公之子，公元前627年至前621年在位。迭(yì)：通"轶"，突然侵犯。殽(xiáo)：通"崤"，山名，在今河南洛宁西北。奸(gān)绝：拒绝，断绝。奸，通"扞"，抵触。好(hǎo)：友好关系。这里指秦、晋盟约。保城：小城。保，即"堡"，土筑的小城。殄(tiǎn)：灭绝。费(bì)滑：即滑国，在今河南偃师附近。兄弟：这里指兄弟之国。郑、滑与晋都是姬姓国，才说是兄弟之国。挠(náo)乱：扰乱，搅乱。⑮殽之师：指僖公三十三年(前627)秦、晋殽之战，晋胜秦败。⑯赦罪：赦免晋国的罪。指寻求穆公谅解。即楚谋我：秦败于殽之后，即释放楚囚斗克回到楚国结盟，并谋划攻打晋国。即，靠近。⑰天诱其衷：当时习语，《左传》凡五见，意皆为"天意在我"，即上天为我们(晋国)的诚心所感动，亦即上天保佑我们。诱，感动；其，我们的；衷，诚心。成王陨命：指文公襄公。康：指秦康公。公元前620年至前607年在位。⑲康公我之自出：意思是康公出自我。阙剪：损害，破坏。帅：通"率"。蟊(máo)贼：指吃禾苗害虫。蟊专门吃苗根，贼专门吃苗节。比喻危害国家的人，即指回晋国争位的晋文公之子雍。荡摇：动摇。令(lìng)狐：晋国地名，在今山西临猗西南。⑳悛(quān)：悔改。河曲：晋国地名，在今山西风陵渡一带，因处黄

河转折处得名。涑（sù）川：水名，在今山西西南部，源出山西绛县（晋都城），向西流经闻喜，至永济流入黄河。王官：晋国地名，在今山西闻喜西南。俘王官，指掠取王官人民。剪：削弱。羁马：晋国地名，在今山西永济南。河曲之战：秦、晋河曲之战。鲁文公十二年（前659），秦国想要报复令狐的战败，于是进兵河曲，与晋对峙，后秦兵夜里逃走，双方并没有分出胜负。㉑东道：由秦入晋之道。这里指秦晋之间交往。绝我好：断绝与我们的友好关系。引领：伸长脖子，表示企望。㉓庶：庶几，大致相当于"也许"、"大概"。表推测和希望。抚：安抚。㉔不惠称（chēn）盟：不肯施恩，与晋国结盟。称，使实现……的愿望。利：利用。河县：靠近黄河的县邑。箕（jī）：晋国地名，在今山西蒲县箕城。郗：晋国地名，在今山西祁县西。芟（shān）夷：铲除毁灭。农功：农作物。虔刘：劫杀。虔、刘，杀。㉕辅氏之聚：在辅氏聚集民众抗击秦军，即秦晋辅氏之战。发生在鲁宣公十五年（前594）。辅氏，晋国地名，在今陕西大荔。聚，这里指战争，因战争要聚众，故称战。㉖延：这里指恶化。徼（yāo）福于先君献、穆：向先君晋献公、秦穆公求福，意思是恢复晋献公、秦穆公二位先君开创的友好关系。徼，求取。伯车：秦桓公的儿子。㉗女（rǔ）：通"汝"。你。恶（wù）：捐弃前嫌。旧德：相当于"旧谊"。前勋：指以前秦晋已有的友好成果。㉘就：成，实现。景公即世：晋景公死于鲁成公十年（前581）。即世，去世。寡君：指晋厉公。令（lìng）狐之会：晋厉公与秦桓公结盟于晋地令狐。事在鲁成公十一年（前580）。㉙不祥：不善。指不怀好心。背弃盟誓：不履行会盟预约。㉚白狄及君同州：白狄与你们同处一州。白狄，狄族的一个分支。及，与。州，指雍州，包括今陕西、甘肃全部及青海部分地区。仇雠（qiúchóu）：仇敌。我之昏姻：我们晋国的姻亲。昏，通"婚"。㉛顾：顾及：受命于吏：给晋国的官吏下达伐狄的命令。受，即『授』。一说，意为从秦国来使那里接受了伐狄的命令。则『受』即接受。亦通。㉜二心于狄：意思是秦国一面命令晋国讨伐狄，一面又私下讨好狄。有，通『又』。㉝应且憎，是用告我：意思是狄人看穿了秦国的两面派手法，于是一面口头上应付并心怀憎恨，一面把秦国的话告诉我们晋国。应，应付，敷衍。是，用，因此。㉞恶（wù）：憎恶，讨厌。二三其德：即『其德二三』。相当于『反复无常』、『三心二意』。德，心意。昭告：祝告，祷告。昊（hào）天：皇天。秦三公：指秦穆公、康公、共公。楚三王：指成王、穆王、庄王。㉟出入：往来，交往。唯利『唯视利』的倒装，只看利益，即唯利是图。是，助词，起提前宾语『利』的作用，无实义。㊱不穀：不善。不代君王自称。恶（wù）：憎恶，讨厌。无成德：无定德，反复无常。宣：揭露。公布。不一：言行不一。㊲备：全。斯是用：因此。斯，是，此。用，因。昵就：亲近，靠拢。㊳寡人：吕相代厉公自称。帅以听命：率领诸侯以听候您的命令，实则为『率领诸侯来讨伐秦』的委婉说法。帅，通『率』。唯好是求：『只求好』的倒装，意为只求有个好的解决。㊴惠顾：恩惠照顾。矜（jīn）哀：同情、怜悯。《方言》：『矜，哀也。』其承宁诸侯以退：将会安抚诸侯退兵。其，副词，表时间，将。承宁，使……安静、止息，以，连词，连接前后两项，后项为前项的结果，相当于『使得』，『以致』；退，退兵。徼（yāo）：这里意为『希望』。㊵不佞（nìng）：不才，不敏。当时习用语。其，副词，表揣度，相当于『也许』、『大概』。以：率领。㊶敢：自谦之词，冒昧地。布：告白，陈述。执事：主事者，实际上指秦桓公。俾：使，让。实：切实。图利：指权衡利弊。

驹支不屈于晋① 《左传》

原文

会于向，将执戎子驹支。②范宣子亲数诸朝，③曰：『来，姜戎氏！④昔秦人迫逐乃祖吾离于瓜州，乃祖吾离被苫盖、蒙荆棘以来归我先君。⑤我先君惠公有不腆之田，与女剖分而食之。⑥今诸侯之事我寡君不如昔者，盖言语漏泄，则职女之由。⑦诘朝之事，尔无与焉！⑧与，将执女。』

对曰：『昔秦人负恃其众，贪于土地，逐我诸戎。⑨惠公蠲其大德，谓我诸戎，是四岳之裔胄也，毋是剪弃。⑩赐我南鄙之田，狐狸所居，豺狼所嗥。⑪我诸戎除剪其荆棘，驱其狐狸豺狼，以为先君不侵不叛之臣，至于今不贰。⑫昔文公与秦伐郑，秦人窃与郑盟而舍戍焉，于是乎有殽之师。⑬晋御其上，戎亢其下，秦师不复，我诸戎实然。⑭譬如捕鹿，晋人角之，诸戎掎之，与晋踣之，戎何以不免？⑮自是以来，晋之百役，与我诸戎相继于时，以从执政，犹殽志也，岂敢离逷？⑯今官之师旅无乃实有所阙，以携诸侯，而罪我诸戎！⑰我诸戎饮食衣服不与华同，贽币不通，言语不达，何恶之能为？⑱不与于会，亦无瞢焉？』⑲赋《青蝇》而退。⑳宣子辞焉，使即事于会，成恺悌也。㉑

选自《左传·襄公十四年》

注释

①驹支：戎君之名，戎为子爵，故又称戎子。②向：吴国地名，在今安徽怀远西。执：逮捕。③范宣

古文觀止 卷二 春秋文二

子：晉國大臣。氏士，名匄，又稱范匄，字伯瑕。為范文子之子。此時任晉中軍佐，代表晉國出席並主持向地盟會。數（shǔ）：列舉，責備。諸：兼詞，相當於『之於』。朝：指為會盟所設的朝位。④姜戎氏：春秋時我國西北部古戎族的一支，原居住在今甘肅敦煌西一帶，後輾轉遷徙到今山西南部，依附晉國。⑤迫逐：逼迫驅逐。乃祖：你們的先祖。吾離：瓜州：地名，在今甘肅敦煌西，以盛產甜瓜（即哈密瓜）得名。被（pī）：通『披』。乃祖：之名。

（三）：酸棗樹。⑥惠公：獻公之子。腆（tiǎn）：豐厚，多。剖分：從中間切開，平分。食（sì）之：給他吃。⑦事：尊奉。寡君：對外謙稱本國國君為『寡君』。蓋：副詞，承上推測原因。蒙：戴，荊：荊條，棘：言語之間泄露晉國機密。職：主要。女：通『汝』，你。⑧詰朝（zhāo）：明天早晨，這裡指明天。詰，明天。事：指盟會。無與（yù）：不要參與。與，參與，參加。⑨負恃：倚仗。諸戎：戎人諸部，姜戎尚為部落社會，駒支為其首領，故自代諸戎。⑩蠲（juān）：顯示。四岳：傳說為帝堯時四方部落的首領，姜姓。裔冑：後代。毋是剪棄：『毋剪棄是』的倒裝。剪棄，滅絕，拋棄。是，指代諸戎。⑪鄙：邊地。嗥（háo）：吼叫。⑫除剪：除去。不貳：不二心。⑬舍戍（shù）焉：留守於鄭。舍，留，置。焉，兼詞，相當於『于此』。殽（xiáo）之師：指秦晉殽之戰。殽，古代山名，在今河南洛寧西北。⑭御：抵禦，抗擊。上：（在）前面。亢：通『抗』，抵抗。下：（在）後面。不復：不能回去。⑮角：抓住角。掎（jǐ）：拉住腿。踣（bó）之：使之倒下。踣，乙三個統帥都被俘。實然：實使之如此。百役：多次戰役。⑯是：此，這。指代殽之戰。非確使……倒下。何以……為什麼。免：免去（罪責）。與（yù）：讓……參與。相繼于時：指按時供役，從不間斷，一次不少。猶殽志：如同殽之戰一數，多次。

子产告范宣子轻币① 《左传》

原文

范宣子为政，诸侯之币重，郑人病之。二月，郑伯如晋，子产寓书于子西，以告宣子，曰：

"子为晋国，四邻诸侯，不闻令德，而闻重币，侨也惑之。② 侨闻君子长国家者，非无贿之患，而无令名之难。③ 夫诸侯之贿聚于公室，则诸侯贰。④ 若吾子赖之，则晋国贰。⑤ 诸侯贰，则晋国坏；晋国贰，则子之家坏。⑥ 何没没也！⑦ 将焉用贿？⑧

"夫令名，德之舆也；德，国家之基也。⑨ 有基无坏，无亦是务乎！⑩ 有德则乐，乐则能久。《诗》⑪

其心不二。离逷（tì）……疏远，指生二心。逷，通'逖'，远，违。⑰ 官之师旅……指晋国群臣。师旅，都是一般官吏的名位，非专指军职。实际上是指晋国的执政者，而不直言，为外交辞令。无乃……恐怕……缺失，过错。携……携贰，有二心。⑱ 华……指华夏族。赞（zàn）币……礼物。引申指礼仪。达……通。坏……指所谓'言语漏泄'之事。为……语气词，用于语尾，与'何'相配合，表反诘语气。相当于今天的'呢'吗'。⑲ 晋（méng）……惭愧。焉……兼词，相当于'于此'。⑳ 赋……诵。《青蝇》……《诗经·小雅》篇名，是一首劝诫人们不要听信谗言的诗。赋这首诗就是取其中'恺悌君子，无信谗言'句意。㉑ 辞焉……向他谢罪，道歉。焉，兼词，相当于'于之'。即事……就事，指参加诸侯会盟。成恺悌……指范宣子想借此来成全恺悌君子的名声。

古文觀止

卷二 春秋文二

云：「樂只君子，邦家之基。」有令德也夫！「上帝臨女，無貳爾心。」有令名也夫！恕思以明德，則令名載而行之，是以遠至邇安。毋寧使人謂子「子實生我」而謂「子浚我以生」乎？象有齒以焚其身，賄也。」⑱

宣子說，乃輕幣。⑲

選自《左傳·襄公二十四年》

溪山春曉圖 宋·惠崇

此圖描寫的是江南平遠景色。卷首是山溪，水中有四舟，其中各種水禽甚多。對岸柳樹、桃樹及雜樹、水邊叢草，遠山數重。畫的左半偏中部分伸出一個山崗、渚灘，卷末是從山中流出的溪水，溪水之左又是城坡。山坡上都長滿了綠柳紅桃和各類雜樹，一片江南春色。此畫山石用墨較濃，畫樹特別精致，雜樹用筆點簇而成，柳樹以方直線條勾出老幹，然後絲出柳枝條，最後再染汁綠色。桃花用紅白二色點出，至今猶艷。

注釋

① 子產：鄭國大夫，即公孫僑、公孫成子。鄭國貴族子國之子。告：勸說。范宣子：晉國大臣，范文子之子。晉平公時為晉中軍將，執掌國政。輕幣：減輕諸侯國進貢給晉國的財物。幣，繒帛，古代用為禮品。在這裡是泛指諸侯國向晉國進獻的貢品。

② 為（wéi）政：執政。幣重（zhòng）：貢品負擔加重。病：憂患，擔憂。③ 鄭伯：即鄭簡公，公元前572年至前542年在位。子西：鄭國大夫，即公孫夏，當時隨鄭簡公朝晉，故子產托子西捎信給范宣子。如：往，去。寓：寄，托。書：信。子：子產自稱。僑：子產自稱。惑：困惑，不理解。④ 為（wéi）治：治理。令德：美德。令，美好的。

⑤ 長（zhǎng）：掌管，領導。國家：春秋時期，諸侯統治的

地区叫国，卿大夫管辖的范围叫家。赂……财物。患……担忧。令名……美好的名声。难……与前『患』字互文。⑥公室……指晋公室，亦即晋国。贰……有二心。⑦吾子……这里是指对范宣子的尊称。赖……私下占有。⑧坏……毁坏，败坏。家……卿大夫之封邑。⑨没没……相当于『昧昧』，不明白，糊涂。⑩将……副词，表疑问，相当于『还』。『尚』。焉……怎么。⑪德之舆……承载德的车子。这是比喻说法，意思是得到美好的名声才能体现美好的德行。令名，美好的名声。舆，车。基……基础，根基。⑫无亦……乎……相当于『恐怕要……吧』或『不应该……吗』。是务……即『务是』，致力于此。是，代指令德。⑬《诗》……《诗经》。⑭乐只君子，邦家之基……（周天子）很高兴得到君子啊，他们是国家的根基。只，语气词，君子，指贤人。这两句都引自《诗经·小雅·南山有台》首章。有令德也夫……（这是因为君子）有美好的品德啊。令德，美好的德行，也夫，古汉语惯用词组。二者连用表肯定性推测，兼表感叹语气，相当于今之所谓『吧』、『啊』等。⑮上帝临女（rǔ）、无贰尔心……上帝监视着你，你不要三心二意。临，监视，监临。女，汝，你，尔，你。引自《诗经·大雅·大明》七章。有令名也夫……（只要一心一意遵行美德，那就）有了美好的名声啊。⑯恕思……以宽厚之心体谅（别人）。恕，宽容。明德……发扬美德。明，彰明，发扬。远至迩（ěr）安……（诸侯）远方的人来归附，近处的人安居乐业。迩，近。⑰毋（wú）宁……复合虚词，由助词『毋』和副词『宁』构成，用在谓语前，表示当事人的意愿，相当于『宁可』、『宁愿』。此二句意谓宁愿让人说『你确实养活了我们』，还是让人说『你靠勒索我们养活自己』呢。生……活。浚（jùn）……取。⑱象有齿以焚其身……大象因为有象牙而自我杀身。意思是拥有珍宝不一定是好事，往往会招来祸害。焚，毙，死。赂也……（就因为象牙）是珍宝的缘故啊。赂，指珍宝。⑲说（yuè）……通『悦』。

古文观止

卷二 春秋文二

晏子不死君难① 《左传》

原文

崔武子见棠姜而美之，遂取之。②庄公通焉，崔子弑之。③晏子立于崔氏之门外，其人曰："死乎？"④曰："独吾君也乎哉，吾死也？"曰："行乎？"⑦曰："吾罪也乎哉，吾亡也？"⑧曰："归乎？"⑨曰："君死，安归？⑩君民者，岂以陵民？社稷是主。⑪臣君者，岂为其口实？社稷是养。⑫故君为社稷死，则死之，为社稷亡，则亡之；若为己死，而为己亡，非其私昵，谁敢任之？⑬且人有君而弑之，吾焉得死之？而焉得亡之？将庸何归？"⑮

门启而入，枕尸股而哭，兴，三踊而出。⑯人谓崔子：⑰"必杀之！"崔子曰："民之望也，舍之得民。"⑱

选自《左传·襄公二十五年》

注释

①晏子（？～前500）：即晏婴，字平仲，夷维（今山东高密）人，春秋时代著名政治家。不死君难（nàn）：不为君难死。君难，指齐庄公因与棠姜私通而为权臣崔杼所杀一事。②崔武子：即崔杼（zhù），齐国大夫，曾任齐上卿，历仕灵公、庄公、景公三朝。棠姜：本为齐国棠邑（今山东金乡东）大夫棠公的妻子，姜姓，故称棠姜。又为东郭偃的姐姐，亦称郭姜。遂：于是，就。取：通"娶"。③庄公：指齐庄公。通：私通，通奸。焉：兼词，相当于"于之"。崔子：即崔武子。弑（shì）：古代称臣杀君、子杀父为"弑"。④崔氏之门：崔武子的家门。因庄公被弑于崔武子家内，晏子前往吊唁，必到崔家。⑤其人：指晏子的随从者。

季札观周乐① 《左传》

原文

吴公子札来聘,请观于周乐。②

---

⑥独吾君也乎哉:难道他仅仅是我一个人的国君吗?也乎哉,古代惯用词组,用于句末,表示比较强烈的反诘疑问,同时兼有感叹意味。吾死也:我为什么要死呢。也,语气词,用于反诘疑问句末,助反诘语疑问语气。⑦行:指离开齐国。⑧吾罪也乎哉:(国君的死)难道是我的罪过吗。亡:逃亡。⑨归:回家。⑩安:怎么(能)。晏子的意思是认为不进崔家就此回去不符合君臣之间的礼仪。⑪君民者:做民众君主的人,治理民众的人。以:连词,相当于『为了』。陵:通『凌』,超越,凌驾。社稷是主:『主社稷』的倒装。主,主持,治理。⑫臣君者:臣于君主的人,即做君主臣子的人。口实:口中食物,引申为俸禄。社稷是养:『养社稷』的倒装。养,给养,保护。⑬死之:为之而死。之,指君主。下句『亡之』结构同此。⑭人有君,指崔杼。庸,亦『何』义,此处二字连用,以加强反诘语气。⑯启:开。枕尸股而哭:根据当时丧礼,应为将尸体枕在自己的大腿上哭,而不自己枕在尸体的大腿上哭。股,大腿。兴:起,起来。三踊:(因哀痛)而多次顿足跺脚。⑰人:指崔武子的心腹之人。⑱民之望:民众所景仰的人。舍之:放走晏子。
非其私昵:不是他私人所宠爱的人。⑮将庸何归:但又怎么能回呢?将,相当于『但』,『而』。庸何,怎么。庸,怎么,亦『何』义,此处二字连用,以加强反诘语气。

使工为之歌《周南》、《召南》。③曰：『美哉！始基之矣，犹未也，然勤而不怨矣！』④为之歌《邶》、《鄘》、《卫》。⑤曰：『美哉渊乎！忧而不困者也。⑥吾闻卫康叔、武公之德如是，是其《卫风》乎？』⑦为之歌《王》。⑧曰：『美哉！思而不惧，其周之东乎？』⑨为之歌《郑》。⑩曰：『美哉！其细已甚，民弗堪也，是其先亡乎！』⑪为之歌《齐》。⑫曰：『美哉！泱泱乎，大风也哉！表东海者，其大公乎？国未可量也。』⑬为之歌《豳》。⑭曰：『美哉！荡乎！乐而不淫，其周公之东乎？』⑮为之歌《秦》。⑯曰：『此之谓夏声，夫能夏则大，大之至也，其周之旧乎？』⑰为之歌《魏》。⑱曰：『美哉！沨沨乎！大而婉，险而易行，以德辅此，则明主也。』⑲为之歌《唐》。⑳曰：『思深哉！其有陶唐氏之遗民乎？不然，何忧之远也？非令德之后，谁能若是？』㉑为之歌《陈》。㉒曰：『国无主，其能久乎？』㉓自《郐》以下，无讥焉。㉔

为之歌《小雅》。㉕曰：『美哉！思而不贰，怨而不言，其周德之衰乎？犹有先王之遗民焉。』㉖为之歌《大雅》。㉗曰：『广哉！熙熙乎！曲而有直体，其文王之德乎？』㉘为之歌《颂》。㉙曰：『至矣哉！直而不倨，曲而不屈；迩而不逼，远而不淫，复而不厌；哀而不愁，乐而不荒；用而不匮，广而不宣；施而不费，取而不贪；处而不底，行而不流。㉚五声和，八风平，节有度，守有序。盛德之所同也。』㉛

见舞《象箾》、《南籥》者，曰：『美哉！犹有憾。』㉝见舞《大武》者，曰：『美哉！周之盛也，其若此乎？』㉞见舞《韶濩》者，曰：『圣人之弘也。而犹有惭德，圣人之难也。』㉟见舞《大夏》者，曰：『美哉！勤而不德，非禹其谁能修之？』㊱见舞《韶箾》者，曰：『德至矣哉！大矣，如天之无不帱也，如

地之无不载也。虽甚盛德，其蔑以加于此矣。观止矣！若有他乐，吾不敢请已。"

选自《左传·襄公二十九年》

注释

①季札：吴国公子，又称公子札。为吴王寿梦第四子，吴王诸樊弟。观：观赏。周乐：周王朝的乐舞。鲁国为周公旦之后，成王时曾赐鲁以天子之乐。乐，指乐与舞二者。②来聘：指到鲁国访问。聘，古代国与国之间派使者访问。请：请求。于：介词。按，此句以下本文原选者对《左传》原文有删节。③工：乐工。歌：指弦歌，即以乐器伴唱。《周南》、《召（shào）南》：《诗经》开头两部分，亦即"十五国风"前两部分，合称"二南"。④始基之：指最初为周朝奠定基业。基，奠定基业。之，代周王朝。未：指未完善。勤而不怨：（这些诗反映了人民）虽然辛苦而并不怨恨。⑤邶（bèi）、《鄘》、《卫》：《诗经》中继"二南"之后的三风，分别有十九首、十首、十首，皆为卫国（今河北南部、河南北部一带）诗歌。⑥渊：深远，深沉。忧而不困：虽然忧愁但不困惑。⑦卫康叔：即康叔，周公旦的弟弟。武公：康叔九世孙，曾经辅佐周平王有功，赐公爵，称武公。⑧《王》：《诗经》中部新郑及其周围一带诗歌。⑨思而不惧：虽怀有忧思而不恐惧。其周之东乎？大概是周朝东迁以后的音乐吧。之东，往东。之，往，到。⑩《郑》：《诗经》"十五国风"之一，有诗二十一首，为今河南周洛邑王城（今河南洛阳一带）诗歌。⑪其细已甚：指《郑风》多男女琐碎情事。已，太。弗堪：经受不住。意思是说民风一天天颓败，无法挽回。其：副词，表推测语气，恐怕，大概。先亡：为季札预言。⑫《齐》：《诗经》"十五国风"之一，有诗十一首，为今山东北部及河北东南部一带诗歌。⑬泱（yāng）泱：宏大的样

古文观止 卷二 春秋文二

四七

古文观止 卷二 春秋文二

子。这里是指声音宏大。大风：大国的音乐。风，音乐，曲调。一说，指大国的风范。表东海者：指太公姜尚封于齐成为东海一带诸侯的表率。表，做……表率。大（tài）公：即姜太公。⑭《豳（bīn）》：《诗经》『十五国风』之一，有诗七首，为今陕西中部旬邑与彬县一带诗歌，其时代较早，当为西周初期作品。豳，亦作『邠』。⑮荡：壮阔。乐而不淫：欢乐而有节制。淫，过分，失去节制。周公之东：意思是说周公东征，平定管、蔡之乱（时的作品）。⑯《秦》：《诗经》『十五国风』之一，有诗十首，为今陕西大部、甘肃东部一带诗歌。⑰夏声：古代一种乐歌。指西方之声。周之旧：秦襄公因辅佐周平王东迁有功，周朝的旧地于是归他所有。⑱《魏》：《诗经》『十五国风』之一，有诗七首，为今山西西南部芮城北一带诗歌。⑲渢渢：轻盈飘荡的样子。大而婉：洪亮而婉转。险而易行：意思是说政令简约而便于推行。以德辅此：用德教辅佐他。⑳《唐》：《诗经》『十五国风』之一，有诗十二首，为今山西中部沿汾水一带诗歌。㉑陶（yáo）唐氏：传说中远古部落名。遗民：唐为成王弟叔虞封国，为唐尧之旧地，故此称『陶唐氏之遗民』。令德之后：继承唐尧美德的后代。令德，美好的德行。若是：如此。㉒《陈》：《诗经》『十五国风』之一，有诗十首，为今河南淮阳及安徽亳州一带诗歌。国无主：国家没有好的君主。其能久乎：据《左传·襄公十七年》载：『七月己卯，楚公孙朝率师灭陈。』这距季札论陈诗仅三十五年。㉓《郐》(kuài)：《诗经》『十五国风』之一，有诗四首，为今河南中部新密及其周围一带诗歌。郐，亦写作『桧』。讥：评论，批评。㉕《小雅》：《诗经》之一部分，有诗七十四首，多为各级贵族作品。㉖思而不贰：虽有忧思，但无叛离之心。贰，二心。怨而不言：虽有怨恨之心，但不直言。焉：兼词，相当于『于之』。㉗《大雅》：《诗经》的一部分，有诗三十一首，多为西周贵族作品。㉘熙熙：和谐融洽的样子。曲而有直体：指委婉而刚

劲。体，风格。㉙《颂》：《诗经》的一部分，分为《周颂》、《鲁颂》和《商颂》，分别有诗三十一首、四首和五首。多为祭祀之作。㉚至矣：美极了。至，极，尽。直而不倨：正直但不傲慢。直，正直；倨，傲慢。曲而不屈：委婉但不卑下。屈，挠，卑下。迩而不逼：亲近但不侵迫。迩，近；逼，迫。远而不携：疏远但无离心。携，通"懈"，远离之心。迁而不淫：变化但有节制。迁，变化；淫，过分，没有节制。复而不厌：反复但不让人厌倦。厌，使……厌倦。哀而不愁：哀思但不悲伤。乐而不荒：欢乐但不荒淫。荒，淫，过度。用而不匮（kuì）：（供人）享用但不匮乏。匮，匮乏。广而不宣：宏广但不张扬。宣，张扬；施而不费：施舍但不滥施。费，指滥施。取而不贪：征求但不贪婪。处而不底：安静但不停滞。处，安静；底，停滞。行而不流：行动但不放任。流，放任。㉛五声：即五音，指宫、商、角、徵（zhǐ）、羽五个音阶。和：和谐。八风：即八音，指金、石、土、革、丝、木、匏（páo）、竹八种乐器。平：协调。节有度：节拍符合规范。度，这里指规范。守有序：乐器伴奏有序。守，伴奏。㉜盛德之所同：指周、鲁、商三颂所展现出来的美德是一样的。㉝《象箾（shuò）》：古代的乐舞名。执竿（一说"箫"）而舞，如同对战时以矛戈刺击，为武乐舞的一种。箾，古代舞者所执的竿（一说"箫"）。《南籥（yuè）》：古代的乐舞名。用籥伴奏而舞，为文乐舞的一种。籥，古代管乐器，形似笛子，短管，三孔或六孔。憾：遗憾。㉞《大武》：古代乐舞名。为歌颂周武王而作。㉟《大夏》：古代乐舞名。为歌颂夏禹王而作。弘：宏伟，伟大。㊱《韶箾》：古代乐舞名，又名"箫韶"。为虞舜时的乐舞。帱（dào）：覆盖。载：承载。虽：即使。蔑：无。观止：观赏

惭德：为品德有缺憾而感到惭愧。当指其是以征伐取天下。修，实行，做。之，这，代"勤而不德"。㊲《韶濩（hù）》：古代乐舞名。为歌颂商汤王而作。弘：宏伟，伟大。

勤而不德：勤政而不自夸功德。修之：做到这。

古文觀止

卷二 春秋文二

四九

子产坏晋馆垣①

《左传》

到此为止。意思是所观已经达到了尽善尽美的境界，没有什么可以超过它的了。已：语气助词，用于句末，同"矣"。

原文

子产相郑伯以如晋，晋侯以我丧故，未之见也。②子产使尽坏其馆之垣，而纳车马焉。③士文伯让之，④曰："敝邑以政刑之不修，寇盗充斥，无若诸侯之属辱在寡君者何，是以令吏人完客所馆，高其閈闳，厚其墙垣，以无忧客使。⑤今吾子坏之，虽从者能戒，其若异客何？⑥以敝邑之为盟主，缮完葺墙，以待宾客，若皆毁之，其何以共命？⑦寡君使匄请命。"⑧

对曰："以敝邑褊小，介于大国，诛求无时，是以不敢宁居，悉索敝赋，以来会时事。⑨逢执事之不闲，而未得见；又不获闻命，未知见时；不敢输币，亦不敢暴露。⑩其输之，则君之府实也，非荐陈之，不敢输也。其暴露之，则恐燥湿之不时而朽蠹，以重敝邑之罪。⑫

"侨闻文公之为盟主也，宫室卑庳，无观台榭，以崇大诸侯之馆。⑬馆如公寝，库厩缮修，司空以时平易道路，圬人以时塓馆宫室。⑭诸侯宾至，甸设庭燎，仆人巡宫；车马有所，宾从有代，巾车脂辖。隶人、牧、圉，各瞻其事；百官之属，各展其物。⑮公不留宾，而亦无废事；忧乐同之，事则巡之；教其不知，而恤其不足。⑯宾至如归，无宁灾患；⑰不畏寇盗，而亦不患燥湿。今铜鞮之宫数里，而诸侯舍于隶人，门不容车，而不可逾越；盗贼公行，而天厉不戒。⑱宾见无时，命不可知。⑲若又勿坏，是无所藏币以重罪也。⑳敢请执事，将何所命之？㉑虽君之有鲁丧，亦敝邑之忧也。㉒若获荐币，修垣而行，君之惠也，敢惮勤劳！"㉓

文伯复命。㉔赵文子曰："信。我实不德，而以隶人之垣，以赢诸侯，是吾罪也。"㉕使士文伯谢不敏焉。㉖

晋侯见郑伯，有加礼，厚其宴、好而归之。㉗乃筑诸侯之馆。

叔向曰："辞之不可以已也如是夫！㉘子产有辞，诸侯赖之，若之何其释辞也？㉙《诗》曰：'辞之辑矣，民之协矣！辞之怿矣，民之莫矣！'其知之矣。"㉚

选自《左传·襄公三十一年》

注释

① 子产：即公孙侨，郑国大夫，春秋时期著名政治家和外交家，执政二十多年，深受郑国民众爱戴，在诸侯国中享有极高的威望。坏：拆毁。馆：宾馆。垣（yuán）：围墙。② 相（xiàng）：辅佐。郑伯：指郑简公。如：往，到。晋侯：指晋平公。以我丧（sāng）故：借口我们鲁国有丧事的缘故，指鲁襄公刚死，以，因，此指借口。我，指鲁国。焉：兼词，相当于"于之"。④ 士文伯：名匄，亦称士匄，字伯瑕。与前面的《子产告范宣子轻币》篇中的范宣子同名但并不是同一个人。他是晋国大夫。让：责备。⑤ 敝邑：对自己国家的谦称。政刑：即政法。修：治理。无若诸侯之属辱在寡君者何：意思是对于屈尊来访问我国国君的属官们无法保证其安全。无若……何，即无奈何，对……没有办法。属，下属。辱，屈尊。在，访问。是以：因此。完：修缮。客所

古文观止

卷二 春秋文二

五一

古文觀止 卷二 春秋文二

馆：来宾的住处。高：使……高，即增高。闲闳：本指里巷门，这里指宾馆门。厚：使……厚，即加厚。忧：使……忧。客使：来访的外国使者。⑥吾子：这里指对子产的尊称。从者：指子产的随从人员。戒：警戒，戒备。其：副词，表时间，相当于"将"。若异客何：对其他国家的宾客怎么办。何，意思是"对……怎么办"。异客，指除郑国外其他国家的宾客。⑦以：因。缮：修治完好。缮，修治。茸（ɑ̌）：用茅草覆盖墙头。共（ɡōnɡ）：供应需求。命，指宾客们的要求。⑧寡君：对外称本国国君，这里是指晋平公。请命：请求指示。这里是指要求回答为什么要拆毁馆垣。⑨褊（biǎn）小：狭小。介于……之间。大国：指晋、楚两国。诛求：责罚索取。诛，责罚。无时：不定时。宁居：安居。敝赋：我国的财富。会时事：按时朝会纳贡。会，朝会；时事，指春秋时代小国向大国定期朝贡之事。⑩执事：古代君王左右办事的人，这里暗指晋平公，为当时习用敬词。不闲：不得空闲。实指晋国有意做大傲慢，此为委婉外交辞令。见（xiàn）：拜见。不获闻命：未能接到被召见的通知。输币：奉纳贡物。输，送。币，此泛指贡物，包括玉石、丝绢、车马之类，非特指今之金钱。暴露：指露天存放。⑪其：如果。与下文"其暴露之"之"其"义同。府实：府库中的财物。府，春秋时都指收藏文书档案及财物的地方，没有政府的意思。实，指财物。荐陈：按照古代的礼义，朝聘时向主人献礼，一定先将礼品陈列在庭堂之上，然后清点验收，就叫做荐陈。荐，进献；陈，陈列。⑫燥湿之不时：因为得不到妥善保管被晒干或受潮湿。朽：腐烂。蠹（dù）：虫蛀。重（zhònɡ）：加重。⑬侨：子产自称。文公：指晋文公，春秋时代五霸之一。卑庳（bēi）：低矮。观：供观赏的。台：为在宫中、域中用土夯筑而成方形上平之高台，初始也有军事作用，为讲武之事，后渐兼作观赏游乐场所。此即用后起义。榭（xiè）：建在高台上之敞屋。

处，后随台用于观赏游乐，榭也成为供观赏游乐之建筑。崇大：『使……崇高宏大』。⑭公寝：指晋平公的寝宫。库：指馆中仓库。厩（jiù）：马棚。司空：古代主管土木建筑的官吏，为六卿之一。以时：按时。平易：平整治理。易，治理。圬（wū）人：泥瓦匠人。塈（jì）：指粉刷墙壁。⑮甸（diàn）：巡即甸人，古代掌管薪火的官员。庭燎：庭院里用来照明的火把。燎，大烛，也就是今天所说的『火把』。宫：巡视馆舍。所：处所。宾从有代：宾客随从有人代替其劳役。巾车：古代负责管理车辆的官员。脂辖（xiá）：给车轴上油。脂，膏脂，这里指上油。辖，指车轴。隶人：古代从事洒扫除秽工作的仆役。牧：饲养、放牧牲畜的役夫。圉（yǔ）：养马的役夫。各瞻其事：各自按照职责照顾宾客。瞻，照顾，掌管。之属：之辈，一班人。各展其物：各自摆出自己的礼品招待宾客。展，陈列，摆出；物，指招待宾客的礼品。⑯公不留宾：晋文公从不让宾客滞留。废事：耽搁其他事情。事则巡之：遇到意外大事就亲自加以抚慰。巡，抚慰。恤（xù）：体恤，周济。⑰无宁：复合虚词，表反诘语气，相当于『难道还有』。⑱铜鞮（dī）之宫：建在铜鞮山上的宫室，为晋王室的别宫，在今山西沁县南。舍于隶人：住在像奴仆住的房屋里。门不容车：门狭窄得都过不了车。不可逾越：（因周围有墙）而无法越过。公行（xíng）：公然进行。天厉（lì）不戒：对天灾毫不预防戒备。厉，通『疠』，灾。⑲命：指晋君召见的通知。⑳又：再。副词，用于动重（zhòng）：加重。㉑敢：助动词，这里是表谦卑、客气。相当于今天所说『冒昧地』，『斗胆地』。将：副词，用于动词前，相当于『打算』，『准备』。何所命之：相当于『有何指教』。㉒敝邑之忧：也是郑国的哀伤啊。忧，哀伤。㉓荐币：献上贡物。荐，献。惮（dàn）：怕。勤劳：辛苦。㉔复命：回报。㉕赵文子：赵盾的孙子，晋国大夫，当时为晋国的执政大臣。信：确实，的确。不德：德行有亏。赢：受，接待。罪：过错，

古文觀止

卷二 春秋文二

子產論政寬猛① 《左傳》

原文

鄭子產有疾，謂子大叔曰：②『我死，子必為政。惟有德者能以寬服民，其次莫如猛。③夫火烈，民望而畏之，故鮮死焉；水懦弱，民狎而玩之，則多死焉，故寬難。』④疾數月而卒。⑤

大叔為政，不忍猛而寬。鄭國多盜，取人于萑苻之澤。⑥大叔悔之，曰：『吾早從夫子，不及此。』⑦興徒兵以攻萑苻之盜，盡殺之，盜少止。⑧

㉖ 謝：道歉。不敏：自謙之語。不聰明，糊塗。焉：兼詞，相當於『于之』。指向子產（道歉）過失。
㉗ 有加禮：使用更加隆重的禮節（接待）。有，使用。厚其宴、好（hǎo）：使宴席更加豐盛、饋贈的禮品更加豐美。厚，使……厚，好，好貨。指古代在飲宴時，為表示友好而贈送給客人的禮品。歸之：使之歸，把他送回去。
㉘ 叔向：晉國大夫。辭：辭令，口才。不可以已：不能廢棄。可以，助動詞，由助動詞『可』和連詞『以』構成，用於動詞前，表可能，相當於『可』『能』。已：廢止，廢棄。若之何：如何，怎麼能。其釋辭也：就廢棄辭令呢。其，連詞，表論斷和承接。釋，廢棄，也，語氣詞，表反問。
㉙ 有辭：善於辭令。有，富于，引申為善於。賴：得到好處。
㉚ 《詩》：《詩經》。以下四句引文見於《詩經·大雅·板》。輯：融洽。協：協和。懌（yì）：悅。莫：安。這四句意思是辭令融洽，民心協調。辭令愉悅，民眾安定。其知之矣：他肯定懂得這個道理了。其，代詞，指子產。

仲尼曰：⑨「善哉！政宽则民慢，慢则纠之以猛。⑩猛则民残，残则施之以宽。⑪宽以济猛，猛以济宽，政是以和。」⑫《诗》曰：⑬「民亦劳止，汔可小康；惠此中国，以绥四方。」⑭施之以宽也。「毋从诡随，以谨无良；式遏寇虐，惨不畏明。」⑮纠之以猛也。「柔远能迩，以定我王。」⑯平之以和也。又曰：⑰「不竞不絿，不刚不柔。布政优优，百禄是遒。」⑱和之至也。」⑲及子产卒，仲尼闻之，出涕曰：「古之遗爱也！」⑳

选自《左传·昭公二十年》

注释

① 子产：即郑子产。论：论述，分析。政：政令。宽：从宽。猛：从严。② 疾：病。谓：告诉。子大（tài）叔：即游吉，郑国大夫。定公八年（前522）继子产执政。大，通「太」。③ 为政：执掌法令。德者：指德行高尚的人。服民：使民众服从。服，使⋯⋯服从。④ 烈：猛。鲜（xiǎn）：少。焉：兼词，相当于「于之」。狎（xiá）：轻忽。玩：玩弄。宽难：政令从宽难以使民众顺服。⑤ 卒：死。⑥ 取人：现在多解「取」为聚，「人」为盗。萑苻（huánfú）：芦苇丛生的水泽，也是地名，即圃田泽，在今河南中牟西北七里。⑦ 从⋯⋯：听从⋯⋯及⋯⋯至，到。⑧ 兴：出动。徒兵：步兵。少（shǎo）：通「稍」，逐渐，渐渐。⑨ 仲尼：指孔子。慢：轻慢。纠：纠正。⑪ 残：受伤害。施：施行，给予。⑫ 济：调剂，补救。是以：因此。和：平和。⑬《诗》：指《诗经》。以下引文均见于《诗经·大雅·民劳》。⑭ 止：语尾助词，无实义。汔（qì）：庶几，但愿。小康：稍许安康。惠：爱。中国：指京师之地，即周王朝直接统治的所谓王畿一带。绥：安定，安抚。⑮ 从⋯⋯：通「纵」，放纵。诡随：欺诈奸猾。这里是指欺诈奸猾的人。

古文观止 卷二 春秋文二 五五

古文觀止 卷二 春秋文二

谨：谨防，约束。式：助动词，应。过：抑制，制止。寇虐：残暴之徒。惨：通"憯(cǎn)"，竟然。明法，指王朝的法令。⑯柔：怀柔，安抚。能：亲善。迩：近。⑰平之以和：以温和的政令使天下太平，使动用法。⑱竞：强争。絿(qiú)：急躁。布政：施行政治。优优：平和的样子。禄：福。道(qiú)：积聚。⑲和之至：平和之政的极致。⑳涕：上古指眼泪，泗、洟(tì)指鼻涕。古之遗爱：意思是说子产继承了古人仁爱的遗风。

吳許越成[1]
《左傳》

【原文】

吳王夫差敗越于夫椒，報檇李也，遂入越。越子以甲楯五千保于會稽，使大夫種因吳太宰嚭以行成。[2][3]吳子將許之。[4]伍員曰：[5]『不可。臣聞之：「樹德莫如滋，去疾莫如盡。」[6]昔有過澆殺斟灌以伐斟鄩，滅夏后相。[7]後緡方娠，逃出自竇，歸于有仍，生少康焉，為仍牧正。[8]惎澆能戒之。[9]澆使椒求之，逃奔有虞，為之庖正，以除其害。[10]虞思於是妻之以二姚，而邑諸綸，有田一成，有眾一旅。[11]能布其德，而兆其謀，以收夏眾，撫其官職。[12]使女艾諜澆，使季杼誘豷，遂滅過、戈，復禹之績，祀夏配天，不失舊物。[13]今吳不如過，而越大於少康，或將豐之，不亦難乎？[14]句踐能親而務施，施不失人，親不棄勞；與我同壤，而世為仇讎。[15]於是乎克而弗取，將又存之，違天而長寇讎，後雖悔之，不可食已。[16]姬之衰也，日可俟也。[17]介在蠻夷，而長寇讎，以是求伯，必不行矣。』[18]

弗听。⑲退而告人曰：『越十年生聚，而十年教训，二十年之外，吴其为沼乎！』⑳

选自《左传·哀公元年》

注释

①吴：姬姓国，都城在吴，即今江苏苏州。许：同意。越：姒姓国，都城在会稽，即今浙江绍兴。成：讲和。②夫差：吴王阖闾之子。夫椒：古代地名，在今浙江绍兴北。一说山名，在今江苏吴县西南太湖中，即西洞庭山。檇（zuì）李：古代地名。越国北部与吴国毗邻的边区，在今浙江省嘉兴西南。这里是指檇李之役，发生于鲁定公十四年（前496）。越王勾践在这次战役中击败吴军，吴王阖闾脚伤而亡。入越：指攻占越国国都会稽城。③越子：指越王勾践。以：率领。甲楯（dùn）：指披甲执盾的士兵。楯，通『盾』。保：保卫，坚守。会（kuài）稽：指会稽山，在今浙江绍兴东南。种（chóng）：楚国郢（今湖北荆州西北）人。春秋末年越国大夫。因：通过，经。行成：求和。行，外交谈判。成，讲和。太宰：执掌政务的长官。嚭（pǐ）：伯嚭，本来是晋国人，后出奔为夫差所宠信，任用他为太宰。④吴子：指吴王夫差。吴为子爵，故称吴子。又因吴自称王，故篇中『子』、『王』之称互出。⑤伍员（yún）：吴国大夫，楚国大夫伍奢的次子。伍奢被杀，伍员出奔吴国。⑥『树德』二句：见于今本伪《古文尚书·秦誓》。滋：培植。去：除。⑦过：古代国名，在今山东掖县北。浇（áo）：据传为东夷族首领寒浞（zhuó）之子，封于过。斟鄩（xún）：本为夏王太康都城，后封为同姓诸侯国，在今山东潍县西南。夏后：夏王。相：相传为夏王启的孙子。相失国，依于二斟，又为浇所灭。夏王仲康所封诸侯国，在今山东寿光东北。斟鄩：本为夏王太康都城，后封为同姓诸侯国，在今山东潍县西南。夏后：夏王。相：相传为夏王启的孙子。相失国，依于二斟，又为浇所灭。⑧后缗（mín）：夏王相的妻子。娠（shēn）：怀孕。窦：孔穴。这里指墙洞。有仍：后缗娘家，即任国，在今山东济宁东南。

古文觀止 卷二 春秋文二

少(shǎo)康：夏后相的遗腹子。牧正：掌管畜牧的长官。⑨娸(qí)：憎恨，痛恨。戒：警戒，戒备。⑩椒：浇的臣子。有虞：即有虞氏，传说中古部落名，居于蒲阪（今山西永济西），其首领为舜，这里指舜的后代封国，在今河南虞城北。庖正：掌管饮食的官长。以除其害：得以免除这场祸害。⑪虞思：有虞部落首领。姚：指虞思的两个女儿。邑诸纶：把纶地封给他为采邑。邑，封给采邑；诸，兼词，相当于"之于"；纶，地名，在今河南虞城东南三十里。成：古代土地面积单位名，以方十里为一成。旅：古代军事编制名，以步卒五百人为一旅。⑫布：施行。兆：开始。谋：谋划。⑬女艾：少康的臣子。谋：侦察，刺探。豷(yì)：寒浞的儿子，浇的弟弟。过：过国。戈：豷国。祀：祭祀。配天：按照古代的礼仪，祀天以先祖配享，这里指祭祀夏祖的同时也祭祀天。配，配享。旧物：过去的典章制度。物，事，这里指典章制度。⑭或将丰之：意思是说如果让越国的羽翼丰满。或将，如果，假如。丰，使……丰满。不亦……乎：与句末表疑问的语气词"乎"呼应，实际上表示的是更肯定的语气。相当于现在的"不是很……吗"，"不是太……吗"。难：难以对付。⑮亲而务施：亲近臣民，致力赏赐。务，致力。不失人……不失民心。亲不弃劳：对所亲近的人连功劳小的也不遗弃。仇雠(qiúchóu)：仇怨，仇恨。⑯于是：在这个时候。克而弗取：战胜它但不消灭它。违天：指天给而不取，违背天意。长(zhǎng)：使……壮大。虽：即使。⑰姬：指吴国，吴国姬姓。伯(bà)：通"霸"。不行：行不通，实现不了。⑲弗听：不听告诫。弗，不……之（代告诫）。⑳退而告人：这里省略了主语伍员。生聚：繁殖人口，积累财富。教训：教化百姓，训练军队。沼：池子。这是说吴国一定会灭亡，宫室变为池沼。

卷三 春秋文三

祭公谏征犬戎 《国语》

作者简介

左丘明，春秋时期史学家。自司马迁《史记》认定『左丘失明，厥有《国语》』后，一般认为《国语》为左丘明所作，且以其与《左传》相配合，而有《春秋外传》之称。因其体制、风格与《左传》不同，到宋代，开始有人对《左传》的作者为左丘明这一观点表示疑问。近代以来，学者多认为此书系战国初期一位熟悉历史掌故的史学家汇集春秋各国史料经过整理加工而成。《国语》是我国第一部国别体断代史书，全书分周、鲁、齐、晋、郑、楚、吴、越八国，凡二十一卷，上起周穆王十二年（前990），下至周贞定王十六年（前453），历时五百余年，主要记述一些历史人物的所谓嘉言懿训，记事相对简略，故名《国语》。《国语》的历史价值和《左传》相当，但文学成就远不及《左传》。但其记言之中，亦时有风趣绝佳者，对后代散文发展产生过重大影响。

原文

穆王将征犬戎。①祭公谋父谏曰：『不可！先王耀德不观兵。②夫兵，戢而时动，动则威，观则玩，玩则无震。③是故周文公之《颂》曰：④「载戢干戈，载橐弓矢；我求懿德，肆于时夏；允王保之。」⑤先王之于民也，茂正其德而厚其性；阜其财求而利其器用；明利害之乡，以文修之，使务利而避害，怀德而畏威。⑥

古文觀止 卷三 春秋文三

故能保世以滋大。⑦

"昔我先世后稷，以服事虞、夏。⑧乃夏之衰也，弃稷弗务。⑨我先王不窋用失其官，而自窜于戎、翟之间。⑩不敢怠业，时序其德，纂修其绪，修其训典；朝夕恪勤，守以惇笃，奉以忠信，奕世载德，不忝前人。⑪至于武王，昭前之光明，而加之以慈和，事神保民，莫不欣喜。⑫商王帝辛，大恶于民，庶民弗忍，欣戴武王，以致戎于商牧。⑬是先王非务武也，勤恤民隐而除其害也。⑭

"夫先王之制：⑮邦内甸服，邦外侯服，侯卫宾服，蛮、夷要服，戎、翟荒服。⑯甸服者祭，侯服者祀，宾服者享，要服者贡，荒服者王。⑰日祭，月祀，时享，岁贡，终王：先王之训也。⑱有不祭，则修意；有不祀，则修言；有不享，则修文；有不贡，则修名；有不王，则修德；序成而有不至，则修刑。⑲于是乎有刑不祭，伐不祀，征不享，让不贡，告不王；⑳于是乎有刑罚之辟，有攻伐之兵，有征讨之备，有威让之令，有文告之辞。布令陈辞，而又不至，则又增修于德而无勤民于远。㉑是以近无不听，远无不服。

"今自大毕、伯仕之终也，犬戎氏以其职来王。㉒天子曰：'予必以不享征之，且观之兵。'㉓其无乃废先王之训，而王几顿乎？㉔吾闻夫犬戎树惇，能帅旧德，而守终纯固，其有以御我矣！"㉕

王不听，遂征之，得四白狼、四白鹿以归。自是荒服者不至。㉖

选自《国语·周语上》

注释

①穆王：指周穆王，西周第五代天子，公元前1001年至前947年在位。曾西征犬戎，俘获五王，并将犬戎之一部迁至太原（今甘肃镇原一带）。②先王：指部族灭商前到建朝后的几代君王。耀德：将仁德发

六〇

雪图 宋·巨然

此图表现奇峰积雪高出云表，其下坡陀冈阜松杉萧疏，山脚寒溪车马行旅，峰峦从上至下，全以焦墨直皴，与巨然画风颇异，树多欹屈之势，坡石微用卷云法，又已是李郭画派风貌。

扬光大。耀，明，引申为发扬光大。观兵：炫耀武力。观，展示，给人看。兵，这里是指武力。③夫：发语词，用于句首，没有实义。（三）而时动：平时聚集力量，必要的时候才动用。戢，聚集。时，适当的时候，必要的时候。威：威力，震慑力。玩：轻忽，这里指滥用武力。震：害怕。④周文公：即周公姬旦，文王之子，武王之弟，成王之叔。周朝开国名臣。《颂》：指《诗经·周颂·时迈》，是歌颂周武王巡狩诸侯的乐歌，据传是周公为追怀武王功绩而作。⑤载戢（jí）干戈：收藏起矛盾。载，句首语气词，无实义。戢，收藏。干，盾牌。戈，戈矛。载橐（gāo）弓矢：把弓箭装起来。橐，本指装弓箭的袋子，这里作动词，把……装到袋子里。懿（yì）德：美好的德行。懿，美好的。肆于时夏：广布到天下。肆，传布。时，即『是』，这，这个。夏，华夏，这里指天下。允王保之：我王一定能永远保有它。允，一定能。王，指周武王。之，代词，代指美德。⑥茂：通『懋』，勉励。正：端正。厚：使……淳厚。性：品性，品德。利：使……锋利。器：阜：使……丰富，满足。财求：物质需要。乡（xiàng）：通『向』。以文修之：用礼乐道德用：器具，用具。

古文觀止 卷三 春秋文三

教化他们。文,与"武"相对,指礼乐道德。务利:努力做有益的事。怀德:感激德治。畏威:畏惧武威。⑦保世以滋大:先王建立的功业能够世代保持并更加发扬光大。世,世代;滋,益,更加。⑧先:祖先,指周朝始祖姬弃及其后人不窋。世:父子相继。后稷:本指古代执掌农事的官吏,简称稷,后来作为君主的称呼,古代的天子诸侯均可称后。服事虞、夏:相传弃与不窋曾先后担任虞舜及夏禹的农官。服事,为他人奔走效劳。⑨乃:然而,可是。夏之衰:指夏启的儿子太康因沉迷于游畋而失去了帝位。弃稷弗务:废弃农官,不再致力农事。⑩不窋(zhú):弃的后人。⑪业:指农业。时:时常,经常。序:宣扬,传布。其:指不窋到文王以下二"其"字义同。纂(zuǎn)修:继续完成。纂,通"缵",继续。修,从事,完成。修其训典:研习他的教诲,典则。修,研习,训,教诲。典,典则。恪(kè)勤:即勤勤恳恳。恪,恭敬谨慎。惇(dūn):敦厚淳朴。笃(dǔ):忠诚老实。奕(yì)世:累世,连续多代,指从不窋到文王。载:秉承,承续。忝(tiǎn):辱没,玷污。⑫武王:指周武王,文王的儿子,开创了西周王朝。昭:显扬,发扬光大。前:指前代的君王们。光明:指光明磊落的德行。慈和:慈爱温和。事神:供奉神灵。⑬商:商朝,商汤灭夏后所建,最初都城在亳(今河南郑州商城),后盘庚迁都至殷(今河南安阳)。帝辛:指商纣王。大恶于民:指对百姓太凶残。欣戴:欢迎拥护。致戎:出兵,用兵。商牧:商朝的牧野。周武王当年在此大败商纣王军队。⑭是:这。务武:崇尚武力,好战。勤:忧心。恤(xù):体恤,怜悯。隐:痛苦。⑮制:制度,规定。⑯邦内:即畿内,周天子直接统治的以王城为中心,而纵横千里的区域。甸服:以耕种王田的方式服务于天子。后成为周王朝辖区分类的名称,以下侯服、宾服、要服、荒服同此。甸,通"田",治田

耕种。邦外：从王畿四周外扩五百里的区域。侯服：诸侯以分封给自己的土地服务于天子。侯卫：从侯服地区四周外扩五百里的区域。宾服：因离王畿渐远，而以宾客之礼向天子纳贡服务。蛮、夷：又从宾服地区四周外扩五百里属蛮、夷等边远民族居住地区。要（yāo）服：因离王畿已经很远，所以依靠立约结盟，向天子朝贡。要，约定。戎、翟（dí）：从要服地区四周再外扩五百里属戎、翟等更边远民族居住地区。荒服：因离王畿距离更远，所以很少向天子朝贡。荒，稀少。⑰祭：指供天子祭祀祖父、父亲用的祭品。祀：指供天子祭祀高祖、曾祖用的祭品。享：祭献，上供，指供天子祭祀远祖用的祭品。贡：献，指向天子进贡祭祀神灵用的祭品。王：指古代中原地区以外民族首领朝见天子。⑱日祭：每天供奉一次祭品。月祀：每个月供奉一次祭祀。时享：每个季度供奉一次祭品。岁贡：每年供奉一次祭品。终王：指只需要在其先君去世新君即位时朝见天子一次。⑲不祭：不按时供日祭。不祀：不按时供月祭。不享：不按时供季享。不贡：不按时纳年贡。不王：不按规定朝见天子。修言：反省自己的言论号令。修意：反省自己的思想意图。修文：反省制定的法典条文。修名：反省自己的尊卑名号。修德：反省自己的德行。序成：指以上五『修』按顺序全部完成。修刑：反省所制定的刑法。⑳刑：惩罚，处分，这里指肉刑、死刑。一般用于用于上对下，但距离较远者。伐：攻伐。让：谴责，责备。征：征伐。也常用于上对下，但距离较远者。㉑刑罚之辟（bì）：专供惩罚用的法律。辟，指法律，条例。攻伐之兵：专供攻伐用的军队。兵，军队。征讨之备：专供征伐用的武备。备，军事装备。威让之令：严厉谴责的命令。让，谴责。文告：警告，晓谕。㉒增修于德：在德行方面进一步进行自我反省。勤民于远：劳民远征。告之辞：晓谕道理的文辞。㉓大毕、伯仕：犬戎部族的两个君主。终：死，去世。以其职来王：按照『荒服者王』的职分来见天子。㉔必以不享

古文观止 卷三 春秋文三

召公谏厉王止谤① 《国语》

原文

厉王虐，国人谤王。②召公告曰：'民不堪命矣！'③王怒，得卫巫，使监谤者，以告，则杀之。④国人莫敢言，道路以目。⑤

王喜，告召公曰：'吾能弭谤矣，乃不敢言。'⑥

召公曰：'是障之也。⑦防民之口，甚于防川；川壅而溃，伤人必多，民亦如之。⑧是故为川者决之使导，为民者宣之使言。⑨故天子听政，使公卿至于列士献诗，瞽献典，史献书，师箴，瞍赋，矇诵，百工谏，庶人传语，近臣尽规，亲戚补察，⑪瞽、史教诲，耆、艾修之，而后王斟酌焉，是以事行而不悖。⑫

'民之有口也，犹土之有山川也，财用于是乎出；犹其有原隰衍沃也，衣食于是乎生。⑬口之宣言也，善败于是乎兴；行善而备败，其所以阜财用、衣食者也。⑭夫民虑之于心而宣之于口，成而行之，胡可壅

征之：一定要按不享的罪名去征伐他。按，享本来是宾服者应尽的职分，而以'不享'罪名加之于荒服者头上，显然是罚不当罪。㉕其无乃⋯⋯只怕。其，副词，加重推测语气。王几顿：'荒服者王'的制度几乎要被败坏。几，几乎。顿，败坏废弃。㉖树惇(dūn)：本性淳厚。树，树立，这里指本性。一说，为犬戎君长之名，亦通。帅⋯⋯通'率(shuài)'，由，循。守终：坚守'终王'的职责。纯⋯⋯专一。固⋯⋯坚持。有以御⋯⋯有理由抗拒。以，理由，原因。

也?"⑮若壅其口,其与能几何?"⑯

王弗听,于是国人莫敢出言,三年,乃流王于彘。⑰

选自《国语·周语上》

注释

①召(shào)公:即邵穆公,周王卿士。谏:批评,用于下对上。厉王:周厉王,历史上著名的暴君。止:阻止。谤:指责,指斥。②虐:暴虐,残暴。国人:国都里的人,一般包括没有执政的贵族和城中工商业者。这里泛指百姓。③告:告诉、告知。不堪:忍受不了,无法忍受。堪,忍受,胜任。命:命令,政令。④得卫巫:得到卫国来的巫人。卫,古代国名,在今河南北部,巫,专门装神弄鬼替人祈祷的人。监:监视。以:有(人)。告:告发,报告。⑤道路以目:(国人)路上相遇,不敢讲话,只得以目示意谤的做法。障:筑堤防水,这里指阻挡,堵塞。⑧防:堵住。甚于:比……程度更严重。川:河流。⑨壅(yōng):堵塞。溃:决口,水冲破堤防。如之……也像那(指川壅而溃)一样。⑩为(wéi)川者:治河之人。决之使导:疏通河水使它流得顺畅。决,疏浚,疏通。导,顺畅,畅通。为(wéi)民者:指君王。宣之使言:开放言路使民能尽言。宣,开放。⑪听政:天子在朝堂上听取群臣意见,决定政事,也就是执政处理政事。公卿至于列士:指所有大小官员。公卿,三公(太师、太傅、太保)九卿(少师、少傅、少保)冢宰、司徒、宗伯、司马、司寇、司空)。列士,士的总称,包括上士、中士、下士。献诗:进献讽谏的诗篇。瞽(gǔ):乐师。献典:进献谱写或采自民间的乐章。典,乐章,一作『曲』,指乐曲,义同。史献

古文观止 卷三 春秋文三

书：外史进献四方之志及三皇五帝之书。史，此指外史，在《周礼》为春官之属官；书，此指四方之志及三皇五帝之书。师箴（zhēn）：少师进献规箴的言辞。少师，次于太师的乐官。箴，一种用于规谏的四言韵文。这里用作动词。瞍（sǒu）赋：盲人颂读公卿列士献的诗。瞍，没有眸子（瞳仁）的盲人；赋，不歌而诵，即朗读。矇诵：盲人弦歌讽诵箴谏的文辞。矇，一说，各种手工艺者。庶人：一般民众，平民。传语：把意见间接传报给君王。亲戚：指与君王同宗的大臣。近臣：指君王身边的侍臣。尽规：进规谏之言。尽，通『进』。一说，尽规谏之责，亦通。
补察：弥补君王的过失，监察君王的行为。⑫瞽：这里指乐太师。史：这里指太史，掌管阴阳、天时、礼法等方面的书。耆（qí）、艾：古代称六十岁为耆，五十岁为艾。斟酌：反复思考，决定取舍。是以：因此。悖（bèi）：悖逆，不顺。⑬犹：如像。于是乎出：由这里生产出来。于，从；是，这。原：高而平坦的土地。隰（xí）：低平而潮湿的土地。衍：低洼而平坦的土地。沃：有河流可用来灌溉的土地。⑭宣言：发言，讲话。善败：好坏。指君王执政的好坏。兴：兴起，发生。这里体现出来。行善：推行好的。备败：防备坏的。所以阜财用、衣食者也：这是用来使财物、器用与衣食丰足的措施。所以……者，用来……的。阜，丰富，增加。⑮成而行之：考虑成熟了，自然要表示出来。成，成熟；行，实行，发表。胡：何，怎么。⑯其与能几个：其，副词，表强调。与，赞助。一说，与，语助词，亦通。⑰莫敢出言：没有敢说话，发表言论的。
流：流放，放逐。彘（zhì）：晋国地名，在今山西霍县。

叔向贺贫① 《国语》

原文

叔向见韩宣子，宣子忧贫，叔向贺之。②宣子曰：『吾有卿之名，而无其实，无以从二三子，吾是以忧，子贺我何故？』③对曰：『昔栾武子无一卒之田，其宫不备其宗器，宣其德行，顺其宪则，使越于诸侯。④诸侯亲之，戎、狄怀之，以正晋国。⑤行刑不疚，以免于难。⑥及桓子，骄泰奢侈，贪欲无艺，略则行志，假贷居贿，宜及于难；而赖武子之德，以没其身。⑦及怀子，改桓之行而修武之德，可以免于难；而离桓之罪，以亡于楚。⑧夫郤昭子，其富半公室，其家半三军，恃其富宠，以泰于国，其身尸于朝，其宗灭于绛。⑨不然，夫八郤五大夫三卿，其宠大矣；一朝而灭，莫之哀也，惟无德也！⑩今吾子有栾武子之贫，吾以为能其德矣，是以贺。若不忧德之不建，而患货之不足，将吊不暇，何贺之有？』⑫宣子拜，稽首焉。曰：『起也将亡，赖子存之；非起也敢专承之，其自桓叔以下，嘉吾子之赐。』⑭

选自《国语·晋语八》

注释

①叔向：氏羊舌，名肸（xī），字叔向。历仕晋悼公、平公、昭公三朝。其时为太傅。②韩宣子：韩起，谥号宣子。晋平公十七年（前541）起任上卿。忧贫：为贫困而苦恼。③卿：古代高级官员的名称。这里指上卿，为当时晋国的最高执政官。实：实际，这里指钱财。从：跟随，交往。二三子：指朝中其他卿大夫。是以：因此。④栾武子：晋国上卿，武子为其谥号。为晋厉公、悼公两朝上卿。一卒之田：上大夫

古文观止 卷三 春秋文三

六七

应有的田地数。一卒为一百人，一卒之田为一百顷。书为上卿，按规定当有一旅（五百人）之田，即五百顷。宫：这里指住宅。先秦时，住宅都可称宫，与秦汉以后不同。备：完备，齐备。宗器：宗庙祭器。宣：发扬。顺：遵守。宪则：法度。越：指越国界，美名远播。一说，指晋国地位提高，超过诸侯，亦通。⑤怀：归顺，服从。以正晋国：因此使晋国走上正轨。以，『以之』之省，即因此，使……正。刑：执行国家法律。不疚（jiù）：没有差错。以免于难（nàn）：因而避免了责难。栾武子杀晋厉公而立晋悼公，本来是『弑君』行为，但因其行为公正，所以并没有受到『弑君』罪名的责难。以，因此。⑥行餍（yǎn），晋国大夫，谥号桓。晋国分上、中、下三军，桓子曾任下军元帅。泰：太，过分。艺：限度。假贷：放债。居贿：积蓄财货。宜及于难：本来应该遭到祸患。而赖武之德：但依赖他父亲武子的余德。⑧怀子：怀盈，栾餍之子，晋国下卿。谥号怀。修：学习，效法。可：可以。以：凭此，因此。以没其身：却得到善终。没，通『殁』。（三）：遭受。以亡于楚：因而逃奔到楚国。栾盈受大夫华阳的逸言，说他祖父栾书杀了晋厉公，他本人又将作乱，栾盈害怕因而逃奔到楚国。三年后回到晋国，身死族灭。⑨夫：发语词，无实义。郤（xì）昭子：郤至，晋国上卿。晋厉公时任新军佐。富半公室：他的财富抵得上晋国国家财富的一半。公室，国家。家半三军：他家的子弟在三军中担任将领的占到一半。三军，晋军原设上、中、下三军，每军一万人。后又增设新军，但习惯上仍称三军。泰：飞扬跋扈。身尸于朝：尸首被放在朝堂上示众。尸，陈尸（示众）。宗灭：诛灭宗族。绛（jiàng）：晋国都城，在今山西翼城东南。⑩不然：如果不是这样。然，这样。八郤五大夫三卿：指郤氏八人中，郤文、郤豹、郤芮、郤谷、郤溱这五人为大夫，郤至、郤犨、郤锜

王孙圉论楚宝①

《国语》

原文

王孙圉聘于晋，定公飨之。②赵简子鸣玉以相，问于王孙圉曰：『楚之白珩犹在乎？』对曰：『然。』简子曰：『其为宝也几何矣？』④曰：『未尝为宝。⑤楚之所宝者，曰观射父，能作训辞，以行事于诸侯，使无以寡君为口实。⑥又有左史倚相，能道训典，以叙百物，以朝夕献善败于寡君，使寡君无忘先王之业；⑦又能上下说乎鬼神，顺道其欲恶，使神无有怨痛于楚国。⑦又有薮曰云连徒洲，金、木、竹、箭之所生也，⑧龟、珠、角、齿、皮、革、羽、毛，所以备赋，以戒不虞者也；所以共币帛，以宾享于诸侯者也。若诸侯之好币具，而导之以训辞，有不虞之备，而皇神相之，寡君其可以免罪于诸侯，而国民保焉。⑨此楚国之宝也。若夫白珩，先王之玩也，何宝之焉？』⑩

这三人为卿。其宠大矣：他们的尊荣够盛大了。宠，尊贵荣耀。莫之哀：『莫哀之』的倒装，没有人同情他们。惟：因为。⑪吾子：对对方表示尊重并亲切的称呼，一般用于男性。能其德：能修养他（指栾武子）的德行。⑫建：建树。吊：哀伤，忧虑。何贺之有：『有何贺』的倒装。⑬拜：下拜。稽首：叩头。古代的一种跪拜礼，要叩头叩到地上，是九拜礼中最恭敬的。⑭专承：独享。桓叔：韩氏始祖，晋文侯的弟弟，公元前8世纪中叶，把他的儿子万封在韩邑，称韩万，故称韩氏。嘉：称许，赞美。这里意为感激。赐：给人恩惠。

古文观止 卷三 春秋文三

"圉闻国之宝六而已：圣能制议百物，以辅相国家，则宝之；玉足以庇荫嘉谷，使无水旱之灾，则宝之；龟足以宪臧否，则宝之；珠足以御火灾，则宝之；金足以御兵乱，则宝之；山林薮泽足以备财用，则宝之。若夫哗嚣之美，楚虽蛮夷，不能宝也！"

选自《国语·楚语下》

注释

① 王孙圉（yǔ）：楚国大夫。② 聘：为增进友好关系而出访。定公：指晋定公。飨（xiǎng）：用酒食来招待客人。③ 赵简子：晋国上卿。鸣玉：把身上的佩玉弄得叮当作响，有炫耀之意。相（xiàng）：傧相，辅佐君王宴客的礼官。这里用作动词，指执行相礼。白珩（héng）：楚国最名贵的佩玉。珩，系在玉佩上部的横玉。④ 几何：多少，指多长时间。⑤ 未尝为宝：没有把它看做是宝贝。⑥ 观射父（guānyìfǔ）：楚国大夫。训辞：这里指外交辞令。口实：话柄。⑦ 左史：古代史官分为左史和右史，左史记言，右史记事。倚相：楚国左史名。训典：先王遗留下来的训令及典章制度。叙百物：有秩序地安排各项事务。物，事务。献上下：这里指天地。说（yuè）：通"悦"，取悦。顺：顺道。⑧ 薮（sǒu）：大湖泽。云连徒洲：云梦泽连接着徒洲。云，云梦泽，徒洲，沙洲名，在今湖北监利北。金：金属，主要指铜、铁等。箭：箭竹，竹子中比较小的一种。所生：产生的地方。龟：龟甲，可用来占卜。珠：珍珠，古称水精，认为可用来防御火灾。角：兽角，可用来做弓弩配件。齿：象牙，可做成工艺品。皮：兽皮，指虎豹等动物的皮。羽：鸟的羽毛，可装饰旌旗、车盖。毛：牦牛尾，可做垫、箭囊、剑鞘等。革：犀牛皮，可用来做甲胄。

申胥谏许越成① 《国语》

原文

吴王夫差乃告诸大夫曰：②『孤将有大志于齐，吾将许越成，而无拂吾虑。③若越既改，吾又何求？若其不改，反行，吾振旅焉。』④

申胥谏曰：『不可许也。夫越非实忠心好吴也，又非慑畏吾甲兵之强也。⑤大夫种勇而善谋，将还玩吴国于股掌之上，以得其志。⑥夫固知君王之盖威以好胜也，故婉约其辞，以从逸王志，使淫乐于诸夏之国以自伤也。⑦使吾甲兵钝弊，民人离落，而日以憔悴，然后安受吾烬。⑧夫越王好信以爱民，四方归之。年谷时

注释部分：

旌旗杆顶饰物，亦称旄头。赋…兵赋，军需。戒…防备，预防。不虞…出乎意料的事，意料之外的事。共…通『供』，供给，供应。币帛…玉帛，用来馈赠或祭祀的礼品。宾…招待。享…献，赠。⑨好(hào)…喜欢。币具…玉帛等用来馈赠或祭祀的礼品。导…疏导。皇…大。相…辅佑。其…副词，表推测，或许，大概。⑩若夫…至于。玩…玩赏之物。何宝之焉…它哪里算得上珍宝呢。⑪圣…有最高智慧与道德的人。能制议百物…能够裁判与评议各种事物。辅相…辅佐，帮助。宝之…把他当作是珍宝。⑫玉…指祭祀所用玉器。庇(bì)…保护。嘉谷…好庄稼。⑬宪…显示，表明。臧否(pǐ)…善恶，吉凶。⑭哗嚣…喧哗。这里是指白珩等玉器所发出的声响，有暗射赵鞅鸣玉之意。蛮夷…泛指东南一带的少数民族，这里是谦称楚国。

卷三 春秋文三

七一

古文观止 卷三 春秋文三

熟，日长炎炎。⑨及吾犹可以战也；为虺弗摧，为蛇将若何？"⑩

吴王曰："大夫奚隆于越？⑪越曾足以为大虞乎？⑫若无越，则吾何以春秋曜吾军士？"乃许之成。⑬

将盟，越王又使诸稽郢辞曰：⑭"以盟为有益乎？前盟口血未干，足以结信矣。以盟为无益乎？君王舍甲兵之威以临使之，而胡重于鬼神而自轻也？"⑯吴王乃许之，荒成不盟。⑰

选自《国语·吴语》

注释

①申胥（xū）：即伍子胥，楚国大夫伍奢次子。因父兄在楚国被杀，逃奔到吴国。后帮助阖闾刺杀吴王僚夺取王位，并辅佐阖闾讨伐楚国，从而报了父兄的仇。阖闾把他封在申邑，所以称申胥。到夫差继承王位以后，又劝夫差拒绝越国求和并停止讨伐齐国，最终吴王赐剑令其自杀。许越成：允许越国求和。成，求和。②吴：古代国名。夫差（fūchā）：吴王阖闾之子，吴国国君。有大志于齐：对齐国有大志，指要征伐齐国并占有其土地。那时候齐景公已执政五十多年，国力强盛，成为吴国称霸中原的首要障碍。而…同"尔"，你们。虑：思虑，打算。④既改：已经悔改。反行…（我攻打齐国）回来。反，通"返"。振旅：兴师，起兵。焉：兼词，相当于"于之"。⑤忠心好（hào）吴：真心实意地与吴国和好。慑畏：畏惧，害怕。⑥大夫种（chǒng）：越国大夫，文种，字少禽，一作子禽。楚国郢（今湖北荆州西北）人。越国被吴国攻破，勾践困守会稽山（在今浙江绍兴东南），他献计赴吴贿赂太宰嚭，使吴国得以保全而不至灭亡。勾践入吴为质三年，由他主国。勾践

践归国后，君臣奋发图强，终于将吴国灭掉。后勾践听信谗言，赐剑令其自杀。将：打算。还（xuán）玩：旋转着玩弄。还，通『旋』。股掌：大腿和手掌。得其志：实现他灭亡吴国的心愿。得，实现。志，心愿。⑦盖威：崇尚威力。盖，崇尚，重视。好胜：喜欢胜过别人。婉约其辞：使他的外交辞令卑顺婉转。婉约，使……卑顺婉转。从（zōng）逸：恣纵放荡。此用作使动词。从，通『纵』。淫乐：过分沉溺于享乐。诸夏：指中原（黄河流域）各诸侯国。⑧甲兵钝弊：武器耗损，军队疲惫。烬，灰烬，这里指的是遭难后的吴国。⑨好困苦。安受吾烬（jìn）：意思是说安安稳稳地受理我们的残局。烬，灰烬，这里指的是遭难后的吴国。⑨好（hào）信：崇尚信义。时熟：按时收成，指年成好。日长（zhǎng）炎炎：国势增长，蒸蒸日上。炎炎，兴旺的样子。⑩及吾犹可以战也：趁我们还可以打败他们的时候，就应当消灭他们。及，趁着。虺（huǐ）：小蛇。摧：摧毁，除掉，这里意为杀死。⑪奚：何，为什么。隆：看重，抬举。⑫曾（zēng）：难道，竟然。⑬何以春秋曜吾军士：当着春秋两季检阅军队的时候，又在哪里炫耀我们的军威呢？何以，在哪里。曜，通『耀』，炫耀。乃许之成：就答应了越国讲和的要求。之，代词，指越国。⑭将盟：就要订立盟约的时候。诸稽郢：越国大夫，是这次越国与吴国议和的代表。辞曰：推辞说。⑮口血未干：这是说上次缔结盟约还没多久。古代盟会时，一定要杀牲，双方口含牲血或把牲血涂在唇上，来表示诚意。⑯舍：放弃。临使之：亲自役使我们。胡重于鬼神而自轻也：又何必重视鬼神而看轻自己呢。意思是说没必要再在鬼神面前举行歃血盟誓的仪式。⑰荒成不盟：很难立以为据地只在口头上达成讲和的协议，而没有再举行盟誓的仪式。荒，不确凿的，不肯定的。

古文觀止 卷三 春秋文三

春王正月① 《公羊传》

作者简介

公羊高，战国时期齐国人，相传为子夏弟子，旧题为《公羊传》的作者。《公羊传》初为口说流传，西汉景帝时，传至其玄孙公羊寿，始与齐人胡母生将它『著于竹帛』。又名《公羊春秋》，或《春秋公羊传》。与《左传》、《穀梁传》合称『《春秋》三传』，为今文经学要籍，主旨在补《春秋》文字简约、意义隐晦之不足而专力阐释其中的所谓『微言大义』，具有较明显的史论性质，在中国古代思想史上产生过重要影响，是研究战国至秦汉间儒家思想的宝贵文献。其体例为先引『经文』（即《春秋》一书的原文），然后以自问自答的形式逐句加以解说；记事较简略，但也穿插一些故事，甚至夹杂有民间传说意味，因而也具有一定的语言比《左传》、《国语》通俗，口头讲述特点较为明显，文学价值。

原文

元年者何？君之始年也。②春者何？岁之始也。③王者孰谓？谓文王也。④曷为先言王而后言正月？王正月也。⑤何言乎王正月？大一统也。⑥公何以不言即位？成公意也。⑦何成乎公之意？公将平国而反之桓。⑧曷为反之桓？桓幼而贵，隐长而卑。其为尊卑也微，国人莫知。⑨隐长又贤，诸大夫扳隐而立之。⑩隐于是焉而辞立，则未知桓之将必得立也；⑪且如桓立，则恐诸大夫之不能相幼君也。⑫故凡隐之立，为桓立也。⑬隐长又贤，何以不宜立？立适以长,不以贤;立子以贵,不以长。⑭桓何以贵?母贵也。⑮母贵,则子何以贵?子以母贵,母以子贵。⑯

选自《公羊传·隐公元年》

注释

①王正月:指周历的正月。夏、商、周三代不同历:商朝把夏历的十二月作为正月,周朝把夏历的十一月作为正月,二月、三月作为春季,则相当于夏历的仲冬、季冬、孟春。②元年:国君即位的第一年。这里是指鲁隐公元年(前722)。君:这里指鲁隐公。③岁之始:一年开头的季节。④孰谓:『谓孰』,是说谁。文王:即周文王,商朝末期周部族首领。⑤曷(hé):通『何』。王正月:『王』泛指周王。⑥大一统:指天下诸侯统一服从周天子的政令。据说周王每年向诸侯颁发历书,各诸侯国皆奉行周历。但实际情况并非如此,如杞行夏历,宋行殷历,民间则多从夏历。⑦公:指鲁隐公,为鲁惠公媵(yìng)妾所生长子,因为不是惠公的嫡生子,所以不能正式立为国君。成公意:成全隐公的心意。⑧平:平定,使天下太平,治理好。反:归还。桓:即鲁桓公。⑨贵:说的是桓公母亲的位分比隐公母亲要高。桓公的母亲也是媵妾,但为右媵,古代以右为上,所以说地位要更高。卑:隐公的母亲为左媵,古代以左为下,所以说地位更低。微:这是说隐公与桓公身份都是公子,两人尊卑差别并不明显。国人:国都中大夫以下的人。⑩扳(pān):通『攀』,引。这里的意思是拥戴。⑪于是:在这个时候。焉:句中助词,无实义。辞:辞让君位。⑫且:况且。如:如果。相(xiàng):辅助。⑬凡隐之立:隐公即位时凡是所想到的。⑭适(dí):通『嫡』,正妻。这里指正妻所生的儿子。以:介词,按照。长:年长。⑮子:这里指庶子。⑯子以母贵:在一夫多妻制下,正妻所生的儿子称嫡子,媵妾所生的儿子称庶子,嫡子地位尊贵是因为子。

古文觀止 卷三 春秋文三 七五

古文觀止 卷三 春秋文三

他的母亲地位尊贵；如果没有嫡子，则右媵地位比左媵要尊贵，左媵地位比其他的妾要尊贵，所以他们所生的儿子也是有身份尊卑的差别的。母以子贵：庶子如果被立为太子或成为国君，他母亲的地位也随之提高，本来为媵妾的，可成为正夫人。

吴子使札来聘① 《公羊传》

原文

吴无君、无大夫，此何以有君、有大夫？②贤季子也。何贤乎季子？让国也。其让国奈何？④谒也、餘祭也、夷昧也，与季子同母者四。⑤季子弱而才，兄弟皆爱之，同欲立之以为君。⑥谒曰：「今若是迮而与季子国，季子犹不受也。⑦请无与子而与弟，弟兄迭为君，而致国乎季子。」皆曰：「诺。」故诸为君者，皆轻死为勇，饮食必祝曰：⑨「天苟有吴国，尚速有悔于予身！」⑩故谒也死，餘祭也立；餘祭也死，夷昧也立；夷昧也死，则国宜之季子者也。⑪季子使而亡焉。⑫僚者，长庶也，即之。⑬季子使而反，至而君之尔。⑭阖庐曰：⑮「先君之所以不与子国而与弟者，凡为季子故也。⑯将从先君之命与，则国宜之季子者也；如不从先君之命与，则我宜立者也。僚恶得为君乎？」⑱于是使专诸刺僚，而致国乎季子。⑲季子不受，曰：「尔弑吾君，吾受尔国，是吾与尔为篡也。⑳尔杀吾兄，吾又杀尔，是父子兄弟相杀，终身无已也。」㉑去之延陵，终身不入吴国。㉒故君子以其不受为义，以其不杀为仁。

贤季子，则吴何以有君、有大夫？以季子为臣，则宜有君者也。㉓札者何？吴季子之名也。《春秋》贤者不名，此何以名？㉔许夷狄者，不壹而足也。㉕季子者，所贤也，曷为不足乎季子？㉖许人臣者必使臣，许人子者必使子也。㉗

选自《公羊传·襄公二十九年》

注释

① 吴子：指吴王馀祭（zhài），吴王寿梦的第二个儿子。札：即公子札，吴王馀祭最小的弟弟。来：指来鲁国，《春秋》记事以鲁国为本位。聘：古代国与国之间互相派出使者访问，以示友好。② 吴无君、无大夫：指《春秋》记载吴国的事情时，一向只称国，不言及吴国的国君与大夫。『吴子使札来聘』的记载。③ 贤季子也：认为季子是贤人。贤，认为……贤能。也，表示解释和陈述语气。④ 奈何：怎么回事，什么样情形。⑤ 谒：又称诸樊，吴王寿梦的长子。夷昧：吴王寿梦的第三个儿子。同母者四：指季札与谒、馀祭、夷昧这四人为一母同胞的兄弟。⑥ 弱：年幼。⑦ 迮（zé）：仓促。与季子国：把君位交给季子。⑧ 迭：轮流。致国：传给国君之位。⑨ 诸：本义为众多，这里是指他们哥几个。轻死为勇：轻视自己的生命，做冒险的事。祝：向神祷告。⑩ 有：保有。尚：希望。悔：灾祸，祸患。⑪ 宜：应该，应当。之：到，这里指传到。⑫ 使：出使。亡：出门在外，外出未归。⑬ 僚：即吴王僚。长庶：弟兄中庶生而年纪最长者。即之：登上了君位。⑭ 君之：把他（僚）当成国君对待。君，把……当做国君。尔：句末语气词，相当于今天的『啦』。⑮ 阖庐：吴国国君。夫差之父。公元前514年至前496年在位。⑯ 凡……都。⑰ 与：通『欤』，句末语气词，表轻度疑问。下句『与』字同此。⑱ 恶（wū）：怎么。⑲ 专诸：吴国堂

古文觀止

卷三 春秋文三

邑（今江苏六合西北）人，勇士。公子光（阖闾）想要杀吴王僚而自立为王，伍子胥推荐专诸为刺客，专诸把剑藏在鱼腹，借宴会献鱼的机会，将僚刺死，自己也当场被杀。⑳尔：你，你的。弑（shì）：古代把臣杀君、子杀父母称为弑。与（yù）：参与。篡（cuàn）：用阴谋或武力夺取君位。㉑兄：此指"吾兄之子"，即吴王僚。㉒去之延陵：离开吴国都城到延陵去了。延陵，吴国地名，在今江苏武进。吴国：在这里是指吴国都城。㉓以季子为臣：把季子当作臣下对待。以，把。㉔《春秋》贤者不名：《春秋》的作者对贤者是不称名的（只称字，或称子，以示尊重；反之，对不贤者则直称其名）。这就是所谓的"春秋笔法"之一。㉕许：称许，赞美。夷狄：对中原以外周边少数民族的蔑称。不壹而足：不因为他做了一件好事，就认为一切都完美了。壹，同"一"。足，完美。㉖曷为不足乎季子：为什么还不认为季子完美呢。曷（hé），为什么。足，认为……完美。㉗许人臣者必使臣，许人子者必使子：赞美做臣子的，就一定要使他与人臣的地位相称；赞美做儿子的，就一定要使他与儿子的地位相称。

虞师晋师灭夏阳

《穀梁传》

作者简介

穀梁赤，战国时鲁国人，复姓穀梁，名赤（赤或作喜、嘉、俶寘），字元始。相传为孔子弟子子夏的学生，治《春秋》，旧题《穀梁传》为其所撰。《穀梁传》又称《春秋穀梁传》、《穀梁春秋》，为《春秋》"三传"之一，为今文经学极其重要的典籍。《谷梁传》所记载的时间起于鲁隐公元年，终于鲁哀公十四年。最初仅为口头流传，到西汉时方才成书，是研究秦汉儒家思想的重要文献。《穀梁传》着重宣扬儒家思想，务礼义教化和宗法情谊，为缓和统治集团的内部矛盾，稳定封建统治的长远利益服务，因此也受到统治阶级的极大重视。《穀梁传》体制与《公羊传》相近，而主旨却『不传微言』（即不『为后王立法』），但传大义（即『诛乱臣贼子』）（清人皮锡瑞《经学通论》）。全书以史论为主，行文『清而婉』（晋人范宁《春秋穀梁传集解序》），其间也穿插一些短小故事，有的还相当精彩，有一定文学价值。范宁《春秋穀梁传集解序》谓：『《左氏》艳而富，其失也巫；《穀梁》清而婉，其失也短；《公羊》辩而裁，其失也俗。』对『三传』作了较为精当的对比评价。但论地位和影响，《穀梁传》既远逊于《左传》，也不及《公羊传》。

原文

非国而曰灭，重夏阳也。①虞无师，其曰师，何也？②以其先晋，不可以不言师也。③其先晋何也？为主乎灭夏阳也。④夏阳者，虞、虢之塞邑也。⑤灭夏阳而虞、虢举矣。⑥虞之为主乎灭夏阳，何也？晋献公欲伐虢，荀息曰：『君何不以屈产之乘、垂棘之璧，而借道乎虞也？』⑧公曰：『此晋国之宝也。如受吾币，而不借吾道，则如之何？』⑨荀息曰：『此小国之所以事大国也。彼不借吾道，必不敢受吾币；如受吾币而借吾道，则是我取之中府，而藏之外府；⑪取之中厩，而置之外厩也。』⑫公曰：『宫之奇存焉，必不使受之也。』⑬且夫玩好在耳目之前，而患在一国之后，此中知以上乃能虑之；⑯臣料虞君，中知以下也。』公遂借道而伐虢。宫之奇谏曰：『晋国之使者，其辞卑而币重，必不便于虞。』⑰虞公弗听，遂受其币，而借之道。宫之奇谏之前，而患在一国之后，此中知以上乃能虑之；臣料虞君，中知以下也。』公遂借道而伐虢。宫之奇谏曰：『晋国之使者，其辞卑而币重，必不便于虞。』虞公弗听，遂受其币，而借之道。宫之

古文觀止 卷三 春秋文三

奇又谏曰：『唇亡则齿寒。』其斯之谓与！」挈其妻子以奔曹。献公亡虢，五年，而后举虞。荀息牵马操璧而前曰：『璧则犹是也，而马齿加长矣！』

选自《穀梁传·僖公二年》

注释

①重：重视。
②无师：没有派出军队参加战斗。
③先晋：在晋国之前。意思是说做了晋军的先导。指借道让晋军通过。先，做……的先导。
④主：主谋。指虞公贪图贿赂，允许晋军借道伐虢。乎：介词，于。
⑤虢：春秋时小国，有西虢、南虢、东虢、北虢之分。这里是指北虢，在今河南陕县至山西平陆一带。塞：边境险要的地方。
⑥举：攻取，占领。
⑦晋献公：晋国国君。荀息：晋国大夫。
⑧屈：晋国地名，在今山西吉县东北，盛产良马。乘（shèng）：古代指四匹马所拉的车，这里指马。垂棘：晋国地名，在今山西北，盛产美玉。璧：美玉。
⑨币：本指帛类，这里指馈赠的财物，即以上所说的良马、美玉。
⑩事：服侍，侍奉。
⑪中府：内库，即宫中收藏财宝的仓库。外府：宫外收藏财宝的仓库。
⑫中厩（jiù）：宫中马棚。外厩：宫廷外的马棚。这里是暗指虞国宫中的马棚。
⑬宫之奇：也作『宫奇』，虞国大夫。存：在。焉：兼词，于之。
⑭达：心即『达于心』，心中明白（事理）。达，明白。儒：性格软弱。少（shào）长（zhǎng）于君：从小和虞国国君一起长大。少，从小。
⑮略：简略。轻之：不重视他（的话）。
⑯且夫：况且，连词，表递进关系。玩好（hào）：喜爱而供赏玩之物，此指马和璧。患：忧患。知，通『智』。虑：考虑到。中知：中等智力。古代将人的智慧分为上智、中智、下智。中智指智力一般。知，通『智』。
⑰便：有利。
⑱唇亡则齿寒：嘴唇没有了，牙齿就感到寒冷。比喻二者相互依附，利害相关。其：副词，表

八〇

晋献公杀世子申生

《礼记》

作者简介

戴圣,字次君,西汉时梁(今河南商丘南)人,又据《成安县志》为魏郡斥丘(今河北成安东南)人。曾任九江太守,平生以学习儒家经典为主,尤重《礼》学研究。与叔父戴德及庆普等人师事经学大师后苍,潜心钻研《礼》学。三人苦心钻研,各有所得,逐步形成了各自的学说体系,成为今文礼学大师。叔父戴德被称为『大戴』,戴圣被称为『小戴』,二人合称为『大小戴』。相传《礼》原为一百一十三篇,经戴德删定为八十五篇,称《大戴记》;又经戴圣删定为包括《曲礼》、《檀弓》、《王制》、《礼运》、《学记》、《乐祀》、《中庸》、《大学》等共四十九篇,称《小戴记》。该书本是解说《仪礼》的资料汇编,后经郑玄作注,使之摆脱从属于《仪礼》的地位而独立成书,成为今本《礼记》。此书大抵为选集孔子弟子及再传、三传弟子所记古代各种有关礼仪等方面的论述,成为中华民族传统道德文化源头的一个

推测,大概,也许。斯⋯这。之⋯表宾语『斯』提前,与⋯通『欤』,语气词,表感叹。⑲挈(qiè)⋯带领。妻子⋯妻子儿女。不同于今天所说的『妻子』。奔(bēn)曹⋯逃向曹国。奔,逃向;曹,春秋时小国,都城在陶丘(今山东菏泽、定陶,曹县一带)。⑳亡虢⋯攻灭虢国。亡,使⋯⋯亡。五年⋯鲁僖公五年(前655),亦即灭虢后之当年。其时距虞公受币实为三年。举虞⋯攻取虞国。举,攻取。㉑操⋯拿着。马齿加长(zhǎng)⋯马的牙齿增加了。马长一岁牙齿就增加一颗,所以马齿的数量标志着它的年龄。加长,增加。

古文觀止

卷三 春秋文三

重要组成部分，也是研究中国古代社会情况、儒家学说及文物制度的重要参考文献。从文学角度来看，当以《檀弓》上、下两篇艺术性较高，是《礼记》中仅有的记叙文，所记既有作者亲身经历，又有早年逸事。语言简洁生动，为历代文学评论家称道不已。

树色平远图 宋·郭熙

本画卷为郭氏所擅长的秋山平远景色，表现深秋郊外的优美景象。开卷处为远山野水，次而出现坡陀老树，冈阜上筑有凉亭，正是文人雅士诗酒嘉会的理想佳处。画中点缀有拄杖的老人，携琴捧盒的仆夫，水面的小舟和飞翔的野凫，都渲染了浓郁的诗意。此图无款，卷后有元明诸家诗文题跋。

原文

晋献公将杀其世子申生。公子重耳谓之曰：①『子盖言子之志于公乎？』②世子曰：『不可。君安骊姬，是我伤公之心也。』③曰：『然则盖行乎？』世子曰：『不可。君谓我欲弑君也。④天下岂有无父之国哉？吾何行如之？』⑤

使人辞于狐突曰：『申生有罪，不念伯氏之言也，以至于死。⑥申生不敢爱其死！虽然，吾君老矣，子少，国家多难。⑧伯氏不出而图吾君，伯氏苟出而图吾君，申生受赐而死。』⑨再拜稽首，乃卒。⑩是以为恭世子也。⑪

选自《礼记·檀弓上》

注释

①公子重耳：即后来春秋五霸之一的晋文公。②盖（hé）：通『盍』，何不，为什么不。下文『盖』字义同。志：真实想法。

曾子易箦

《礼记》

原文

曾子寝疾,病。乐正子春坐于床下,曾元、曾申坐于足,童子隅坐而执烛。童子曰:"华而睆!大夫之箦与?"子春曰:"止!"曾子闻之,瞿然曰:"呼!"曰:"华而睆!大夫之箦与?"曾子曰:"然,斯季孙之赐也,我未之能易也。元,起易箦!"曾元曰:"夫子之病革矣,不可以变,幸而至于旦,请敬易之。"曾子曰:"尔之爱我也,不如彼。君子之爱人也以德,细人之爱人也以姑息。吾何求哉?吾得正而毙焉,斯已矣。"举扶而易之,反席未安而没。

选自《礼记·檀弓上》

古文观止 卷三 春秋文三

公子重耳对秦客① 《礼记》

原文

晋献公之丧，秦穆公使人吊公子重耳。②且曰："寡人闻之：'亡国恒于斯，得国恒于斯。'③虽吾子俨然在忧服之中，丧亦不可久也，时亦不可失也，孺子其图之！"④以告舅犯。舅犯曰："孺子其辞焉。⑤丧人无宝，仁亲以为宝。⑥父死之谓何？⑦又因以为利，而天下其孰能说之？⑧孺子其辞焉！"⑨

注释

① 曾子：鲁国人，名参（shēn），字子舆，孔子弟子，以孝著称。易：换。箦（zé）：竹席。② 寝疾：卧病。疾：一般疾病。病：病重。③ 乐（yuè）正：古代的公室乐官。子春：曾参弟子。曾元、曾申：都是曾参的儿子。坐于足：坐在脚旁。童子：指书童。隅坐：靠墙角坐。④ 华而睆（huǎn）：这里是指席子华美而光滑。箦（zé）：竹席。⑤ 瞿（jù）然：惊惧的样子。呼：喔，哦。发声欲问之词。⑥ 斯：这。季孙：鲁国大夫，任正卿，执掌政权。未之能易：'未能易之'的倒装。⑦ 革（jí）：通'亟'，危急。变：移动（身体）。⑧ 尔：你。彼：他，指'童子'，书童。⑨ 细人：小人，即见识浅陋的人。始：希望。请敬易之：请允许我恭敬地换掉它。苟且偷安，暂时得到安逸。⑩ 得正而毙：合乎礼仪而死。正，指合乎礼仪；毙，死。斯已矣：这就满足了。已，止，此指满足。⑪ 举：全，这里是指所有在场的人。反席未安：重新躺到换过席的床上还未躺好。没：通'殁（mò）'，死。

公子重耳对客曰：⑩「君惠吊亡臣重耳，身丧父死，不得与于哭泣之哀，以为君忧。⑪父死之谓何？或敢有他志以辱君义！」⑫稽颡而不拜，哭而起，起而不私。⑬子显以致命于穆公。⑭穆公曰：「仁夫，公子重耳！夫稽颡而不拜，则未为后也，故不成拜。⑮哭而起，则爱父也；起而不私，则远利也。」⑯

选自《礼记·檀弓下》

注释

①公子重耳：后来的晋文公，晋献公的儿子。对：对答。②晋献公：晋国国君。之丧(sāng)：到死，即死了以后。秦穆公：秦国国君，公元前659年至前621年在位。春秋五霸之一。人：指秦穆公的儿子子㬎。吊：吊唁，慰问。③寡人：国君自称，这里是子㬎代父口气。恒于斯：常在这个时候。恒，常；斯，这。④忧服：本指丧服，这里指服丧期间。丧(sàng)：丧失，此指失位，流亡。其：副词，表示希望，祈求语气，相当于「要」「一定」。⑤舅犯：重耳的舅父子犯，即狐偃，字子犯，狐突的儿子。曾随重耳流亡在外十九年，后帮助重耳回国即位。⑥其：副词，表希望，相当于「要」「一定」。辞：推辞，辞谢。⑦丧人：指流亡在外的人。无宝：没有什么可宝贵的东西。利：这里是这谋君位之私利。⑧父死之谓何：父亲死是多么不幸的事。⑨因：趁着，借着(机会)。⑩客：指亲。⑪君惠：意思是说承蒙你们国君对我惠爱。身丧(sāng)：自身流亡在外。与(yù)：参加。哭泣⋯子㬎。⑪君惠⋯⋯副词，表反诘语气，相当于「岂」、「难道」。说之：辩护这样做是无罪的。说，指辩护

古文观止　卷三　春秋文三　八五

（在灵前）哭泣哀悼。以为君忧：因此给贵国国君带来忧虑。⑫或敢有他志：如果有其他非分之想。或，如果；他志，其他打算，指利用父亲亡故的时机谋夺君位。以辱君义：那就辜负了贵国国君的情义。⑬稽颡（qǐsǎng）：下跪并以额头碰到地面。古代丧礼的主人答谢吊唁者的一种礼节。不拜：不再拜谢。不私：不与秦客私下交谈。⑭致命：回复王命，汇报任务完成情况。⑮未为后：没有成为继承人。成拜：古代丧礼的一种仪式，先稽颡，再拜谢，这两步都做了，才能称为『成拜』。⑯远利：远离自己的利益。

晋献文子成室[1]

《礼记》

原文

晋献文子成室，晋大夫发焉。[2]张老曰：『美哉，轮焉，美哉，奂焉！[3]歌于斯，哭于斯，聚国族于斯！[4]』文子曰：『武也，得歌于斯，哭于斯，聚国族于斯，是全要领以从先大夫于九京也！[5]』北面再拜稽首。[6]君子谓之善颂善祷。

选自《礼记·檀弓下》

注释

①献文子：即赵武，晋国名臣赵衰、赵盾的后人，晋卿赵朔的遗腹子，即传说中著名的『赵氏孤儿』。他是晋国大夫，时任上卿。『子』是对他的敬称。成室：新屋落成。②发：送礼祝贺。③张老：张孟，晋国大夫。轮：高大。奂（huàn）：通『焕』，华美。④歌于斯：指祭祀时在这里奏乐唱诗。歌，这里指唱诗。哭于

斯：指举丧时在这里哭泣哀悼。聚国族：宴集外国来宾，聚集本族成员。族，宗族，指本族成员。⑤武：赵武，献文子自称。全要（yāo）领：保全腰和脖颈。指不因犯罪而被腰斩和杀头。意思是说能得善终。要领，古时两种刑罚，重罪腰斩，轻罚砍头。要，通「腰」。领，脖子。先大夫：指已经亡故的父亲、祖父。九京：九原，春秋时晋国贵族（卿大夫）的墓地。⑥北面：面朝北。再拜：拜两拜。古代一种跪拜礼，两膝跪地，双手合拢，俯首至手而与心平。稽（qǐ）首：古代一种跪拜礼，即稽颡。是一种非常恭敬、隆重的礼节。

侍坐

《论语》

作者简介

孔子（前551~前479），名丘，字仲尼，鲁国陬邑（今山东曲阜东南）人。祖上为宋国贵族。幼年丧父，生活贫困。学无常师，相传曾问礼于老聃，学乐于长弘，学琴于师襄。曾做过委吏（掌会计）、乘田（掌畜牧）和司寇（掌司法）。春秋末期著名思想家、政治家和教育家，也是儒家学派创始人，被后世尊为「至圣」，现被联合国教科文组织评为「世界十大文化名人」之首。他一生主张仁义，推崇周礼，维护封建等级秩序，思想较为保守，但也同时主张爱人，提倡仁政，反对暴政，同情人民疾苦，具有相当开明的态度。他学而不厌，诲人不倦，提倡「有教无类」，创办私学，广招学生，打破了奴隶主贵族对学校教育的垄断，把受教育的范围扩大到平民，顺应了当时社会发展的趋势。据传他有学生三千，贤弟子七十二。他是我国历史上致力于教育事业的第一人。相传曾修《诗》《书》，订《礼》《乐》，序《周易》，撰《春秋》。

古文观止 卷三 春秋文三 八七

古文觀止 卷三 春秋文三

现存《论语》凡二十篇，为孔门弟子及其后世弟子关于孔子思想言行的记录。宋代时，《论语》与《中庸》、《大学》、《孟子》合为「四书」，成为儒家经典。《论语》为语录体，多为简短对话和议论，风格含蓄隽永，雍容和顺，有时能通过对话表现人物的性格、心理和神态，富于文学意味。其写作特点对魏晋以后轶事小说创作有明显影响。

原文

子路、曾晳、冉有、公西华侍坐。①

子曰：②「以吾一日长乎尔，毋吾以也。③居则曰：『不吾知也！』如或知尔，则何以哉？」④

子路率尔而对曰：⑤「千乘之国，摄乎大国之间，加之以师旅，因之以饥馑；由也为之，比及三年，可使有勇，且知方也。」⑦

夫子哂之。⑧

「求，尔何如？」⑨

对曰：「方六七十，如五六十，求也为之，比及三年，可使足民。⑩如其礼乐，以俟君子。」⑪

「赤，尔何如？」

对曰：「非曰能之，愿学焉。⑫宗庙之事，如会同，端章甫，愿为小相焉。」⑬

「点，尔何如？」

鼓瑟希，铿尔，舍瑟而作。⑭对曰：「异乎三子者之撰。」⑮

子曰：「何伤乎，亦各言其志也！」⑯

曰：『莫春者，春服既成，冠者五六人，童子六七人，浴乎沂，风乎舞雩，咏而归。』⑰

夫子喟然叹曰：⑱『吾与点也。』

三子者出，曾皙后。⑲曾皙曰：『夫三子者之言何如？』

子曰：『亦各言其志也已矣！』⑳

曰：『夫子何哂由也？』㉑

曰：『为国以礼，其言不让，是故哂之。㉒唯求则非邦也与？安见方六七十、如五六十而非邦也者？㉓唯赤则非邦也与？宗庙、会同，非诸侯而何？赤也为之小，孰能为之大？』㉔

选自《论语·先进》

注释

① 子路：指孔子的学生仲由，子路是他的字。曾皙（xī）：孔子的学生曾点，曾参的父亲。冉（rǎn）有：指孔子的学生冉求。公西华：指孔子的学生公西赤。② 子：即孔子。③『以吾』两句：不要因为我比你们年长一点，因此就不敢说话啊。以：因为，由于。后一『以』字通『已』，意为停止。长（zhǎng）：年长。乎：于，比。毋（wú）：不要。④『居则』四句：你们平日总是说：『没有人了解我啊！』如果有人了解你们，你们将怎么办呢？居：平时。则：辄，总是。不吾知：即不知吾，不了解自己。或：有人。则：那么。何以：即『以何』，怎么办。⑤ 率尔：轻率而急促的样子。尔，语尾助词。⑥ 千乘（shèng）之国：拥有一千辆兵车的诸侯国。乘，古代四匹马拉的兵车。摄：通『箝』（niè），夹处。乎：于，在。『加之』两句：大国对它进行侵略战争，接着又遭到饥荒。加：侵凌，侵犯。师旅：原指军队编制，以二千五百人为一

古文觀止 卷三 春秋文三

师，五百人为一旅。这里引申为战争。因：继，接着。饥馑：饥荒。⑦由也为（wéi）之……我来治理它（指上述千乘之国）。也，语气助词，舒缓语气。为，治理。比（bì）及三年：等到够三年。比，等。「可使」两句：可使老百姓勇敢善战，而且懂得礼仪。方：指礼仪。⑨求，尔何如：孔子说：「求，你的志向怎么样？」何如，即「如何」。⑩「方六」五句：土地面积纵横六七十里，或者五六十里的小国，如果让我来治理的话，等到三年，可以使老百姓丰衣足食。方，见方，纵横。如：或者。⑪「如其」两句：至于制礼乐等教化人民的事，那只能等有德行的君子来做了。如……至于。侯（sì）：等待。⑫「非曰」两句：不敢说我能够做什么，我只希望得到学习的机会。⑬「宗庙」四句：在国君祭祀或者诸侯会盟的时候，我愿意穿着礼服，戴着礼冠，做一个小傧相。宗庙：国君祭祀祖先的地方。这里指祭祀。会同：诸侯会盟。端：玄端，一种礼服。章甫：一种礼冠。相（xiàng）：傧相，司仪。⑬「鼓瑟（sè）」三句：曾皙弹瑟的声音渐渐稀疏，然后把瑟「铿」的一声放下，站了起来。鼓：弹奏。瑟：古代的一种弦乐器。希：通「稀」，指瑟声稀疏。铿：象声词，形容瑟声。尔：语尾助词，表示样子。作：起立。⑭「异乎」句：我的志向与他们三位所说的不一样。撰：通「譔」，述，说。⑮「何伤」两句：那有什么妨害呢，也不过是各人说说自己的志向罢了！伤：妨害。⑯莫（mù）：指阴历三月。莫，通「暮」。者：语气助词，表示停顿。春服既成：已经穿上春天的衣服。成，穿上。冠者：指已成年的青年人。古代男子二十岁举行冠礼，表示已经成年。浴乎沂（yí）：在沂水里洗澡。沂，水名，在今山东曲阜南。风乎舞雩（yú）：在舞雩坛上乘凉。风，意为迎风乘凉；舞雩，古代鲁国祭天求雨的地方，在今山东曲阜。咏：吟咏。以上几句是曾皙的志向，意思是说在暮春三月时节，换上春天的服装，

九〇

季氏将伐颛臾①

《论语》

原文

季氏将伐颛臾。冉有、季路见于孔子曰：②『季氏将有事于颛臾。』③孔子曰：『求！无乃尔是过与？④夫颛臾，昔者先王以为东蒙主，且在邦域之中矣。⑤是社稷之臣也，何以伐为？』⑥

冉有曰：『夫子欲之，吾二臣者皆不欲也。』⑦孔子曰：『求，周任有言曰：⑧"陈力就列，不能者止。"⑨危而不持，颠而不扶，则将焉用彼相矣？⑩且尔言过矣，虎兕出于柙，龟玉毁于椟中，是谁之过与？』⑪

冉有曰：『今夫颛臾，固而近于费，今不取，后世必为子孙忧。』⑫孔子曰：『求！君子疾夫舍曰"欲之"而必为之辞。⑬丘也闻有国有家者，不患寡而患不均，不患贫而患不安。⑭盖均无贫，和无寡，安无

古文观止 卷三 春秋文三 九一

古文觀止 卷三 春秋文三

倾。⑮夫如是，故远人不服，则修文德以来之；既来之，则安之。⑯今由与求也，相夫子，远人不服而不能来也，邦分崩离析而不能守也，而谋动干戈于邦内。⑱吾恐季孙之忧，不在颛臾，而在萧墙之内也。⑲

选自《论语·季氏》

注释

①季氏：季孙氏，这里指季康子，鲁国大夫，专擅国政。伐：出兵攻打。颛臾（zhuān yú）：鲁国的附属国，在今山东费县西北。季氏攻打颛臾，想占领它来扩大自己的领地。②冉有、季路：当时两人都是季康子的家臣。季路，即子路。见于孔子：即"见孔子"。③"季氏"句：季康子将对颛臾有军事行动。事：指军事行动。④"无乃"句：这只怕是你的过错吧？无乃：只怕。是：这。与：通"欤"，疑问助词。⑤"夫颛臾"三句：那颛臾，过去周先王封它为东蒙山的主祭者，况且它又在鲁国国境之内。东蒙：东蒙山，在今山东蒙阴南。主：主持祭祀之人。⑥"是社稷"两句：颛臾是国家的臣属，为什么要攻打它呢？社稷：指国家。何以……为：表疑问的一种句式。"为"在这里是疑问助词。⑦"夫子"两句：夫子：春秋时对大夫、先生、长者等的尊称。⑧周任：古代著名史官。有言：曾经说过。⑨"陈力"两句：做臣子的担任职务，就要竭尽自己的能力，否则就应该辞职从官位上退下来。陈：施展，竭尽。就：指在职做官。止：指辞职。⑩"危而"三句：这就好像是盲人走路，到了危险的地方却不去扶他，跌倒在地也不去把他拉起来，那么，又何必用那个引路的人呢？这是比喻冉有不去制止季氏的冒险行动，没有尽到辅佐的职责。相：引导盲人走路的人。矣：这里用在疑问句中，相当于"呢"。⑪"虎兕（sì）"三句：又好像老虎野牛从笼子里跑出来伤人，龟壳玉器在匣中被毁坏，这是谁的过

九二

错呢？这也是比喻冉有就像管理笼子和匣子的人一样，没有防患于未然。兕：野牛。柙：关猛兽的木笼。龟玉：古人占卜用龟壳，祭祀用玉器，所以都很珍贵。椟(dú)：匣子。⑫固而近于费(bì)：城郭坚固，又靠近费县。费，季康子封地，在今山东费(bì)县。按，颛臾距费邑仅七十里，故云"近于费"。"今不"两句：现在不去攻取它，到后来必定要成为子孙的祸害。⑬"君子"句：有德行的君子最恨那种行为，明明心里想要的东西，偏偏不肯说出来，还要讲出一大堆理由来。这是批评冉有替季氏辩解，明明贪图别人的土地，却说怕子孙受到颛臾的威胁。疾：痛恨。夫：指示代词，那。舍曰：避开不说。辞：辩解之话语，借口。⑭"丘也"三句：我听说有国（指诸侯国）有家（指卿大夫封地）的人，不担心人民少而担心民众贫富不均，不担心财用不足，却担心人民生活不安定。⑮"盖均"三句：因为财富平均，社会就没有贫穷，上下和睦，人民就不会减少，生活安宁，国家就不会倾覆。盖：承接上文，解释原因。倾：倾覆，危亡。⑯"夫如是"三句：也正因为这样，所以远方的人如果不服从，便修整文教德化感召他们，使他们来归附。⑰"既来"两句：远方的人既然已经来归附，就应该加以安抚，使他们得到安宁的生活。⑱相(xiàng)：辅佐季康子。相，辅佐：，夫子，对季康子的尊称。"远人"三句：远方的人不服从，又不能使他们来归附，鲁国内部四分五裂，又不能固守，却想谋划在国境内发动战争。邦：指鲁国。分崩离析：指鲁国有季孙氏、孟孙氏和叔孙氏三家大夫之家臣争权，难以统一。干戈：指战争。⑲"吾恐"三句：我怕季氏的祸害，不在外边的颛臾，而在国内宫门里面呢。这里是说鲁国哀公不会容忍季康子擅权，一定会有所举动，所以提醒季孙氏防止内乱。萧墙：宫门内当作门来分隔内外的照壁，人臣到了这里便会萧然起敬。萧，通"肃"。后常以萧墙之祸比喻内部潜在危险。

古文觀止

卷四 戰國文

非攻① 墨子

作者簡介

墨子（前468?~前376?），名翟，魯國（一說宋國）人。戰國前期著名思想家，墨家學派創始人。他主張『兼愛』、『非攻』、『尚賢』、『節用』，代表了小生產者的利益和願望。與孔子一樣廣收生徒，據傳有弟子三百，而使墨家成為當時的『顯學』，甚至能與儒家分庭抗禮。他創立的墨辯邏輯，比希臘的亞里士多德邏輯還要早一個世紀。他不僅是我國歷史上著名的大思想家，而且是身體力行的實踐家。墨子一生生活清貧，摩頂放踵，奔走呼號，在先秦諸子中是比較能接近平民的一位，有為民請命的精神。當然，要求統治者愛人民，反對一切戰爭，無疑是不現實的，因而在當時的社會中也是行不通的。他為文講究論證方法，有很強的邏輯性，善於用具體事例說理；但並不崇尚文采，語言質樸無華。今存《墨子》五十三篇，大抵為墨子後學所整理，在流傳過程中脫訛也較多。

原文

今有一人，入人園圃，竊其桃李，眾聞則非之；②上為政者得則罰之。③此何也？以虧人自利也。④至攘人犬豕雞豚者，⑤其不義，又甚入人園圃竊桃李。⑥是何故也？以虧人愈多，其不仁茲甚，罪益厚。⑦至入人欄廄，⑧取人馬牛者，其不仁義又甚攘人犬豕雞豚。⑨此何故也？以其虧人愈多。苟虧人愈多，其不仁茲甚，

罪益厚。⑪至杀不辜人也，扡其衣裘，取戈剑者，其不义又甚入人栏厩，取人马牛。⑫此何故也？以其亏人愈多。苟亏人愈多，其不仁兹甚矣，罪益厚。当此，天下之君子皆知而非之，谓之不义。⑬今至大为不义，攻国，则弗知非，从而誉之，谓之义。⑭此可谓知义与不义之别乎？⑮

杀一人，谓之不义，必有一死罪矣。若以此说往，杀十人，十重不义，必有十死罪矣；⑯杀百人，百重不义，必有百死罪矣。当此，天下之君子皆知而非之，谓之不义。今至大为不义，攻国，则弗知非，从而誉之，谓之义。情不知其不义也，故书其言以遗后世；⑰若知其不义也，夫奚说书其不义以遗后世哉？⑱

今有人于此，少见黑曰黑，多见黑曰白，则必以此人不知白黑之辩矣；⑲少尝苦曰苦，多尝苦曰甘：则必以此人为不知甘苦之辩矣。今小为非，则知非之；大为非，攻国，则不知非，从而誉之，谓之义；此可谓知义与不义之辩乎？是以知天下之君子也，辩义与不义之乱也。⑳

选自《墨子间诂》卷五

注释

①《非攻》全文分上、中、下三篇，这里选的是上篇。非攻：反对攻打其他国家。②园囿（pǔ）：果园。古代称种果树的为园，种菜蔬的为圃，这里泛指果园，为偏义复词。③「上为」句：在上的执政者捉获了这个窃贼就处罚他。得：捉获。④亏人：损害他人。⑤攘：偷盗，偷窃。豕（shǐ）：猪。豚（tún）：小猪。⑥「其不」两句：他的不义又超过到人家的果园里去偷桃李。⑦是何故也：这是什么原因呢？⑧「亏人」三句：因为损害别人的程度越大，他的不仁就越厉害，犯的罪也更重了。兹：通「滋」，犹更加。⑨栏厩

清人孙诒让《墨子间诂》谓，「其不仁」句前当脱「苟亏人愈多」五字。此说是，可从。厚、重。

古文觀止

卷四 戰國文

(三)⑩牛栏马厩，饲养家畜的地方。⑪『其不仁义』句：孙诒让《墨子间诂》谓：『依上下文，此句疑不当有『仁』字。』可从。⑫苟：如果。⑬不辜（gū）：无罪。扡（tuō）：同拖，拉下或剥下。当此：指遇到以上情况。⑭『今至』五句：现在最大的不义就去攻打其他国家，却不知道这不对，还跟着去称赞他，说他合乎义。弗……之：不……之。⑮『此可谓』句：这样能说是知道义与不义的区别吗？⑯有：指构成。⑰『若以』句：如果是按照这种说法类推的话。往：有『……下去』的意思。十重（chóng）：十倍。⑱『情不』两句：这实在因为他们不知道它是不义的，所以要把这些话记录下来传给后世。情：诚，实在。书：记载。遗：流传。⑲『若知』两句：如果他们知道这是不义的，那还有什么理由把这些不义的事记载下来流传后世呢？夫：那。奚说：什么理由。说，理由。⑳『则以』句：就一定认为这人不懂得辨别黑白。辨：通『辨』，分辨，分别。㉑『是以』两句：因此可以知道天下的君子，在分辨义与不义这个问题上，思想认识是很混乱的。乱：指分辨不清，混乱。

齐桓晋文之事章

孟子

作者简介

孟子（约前372~前289），名轲，字子舆，邹（今山东邹城东南）人。战国时期著名思想家、政治家和教育家，也是这一时期儒家代表人物，被后世尊为『亚圣』。司马迁说他『受业子思（孔子之孙孔伋）之门人』。曾游说齐宣王、梁惠王等诸侯，做过齐宣王客卿。他大半生宣扬儒家的政治理想，但终不为所用，

晚年退而讲学和著述。他继承并发展了孔子关于"仁"的学说，提出了完整的仁政理想。他提倡仁政，提出"民贵君轻"的民本思想，反对暴君暴政，反对诸侯间的兼并战争，主张用王道统一天下，这些在当时虽属于不切实际的幻想，但毕竟符合广大民众的愿望，具有进步意义。在对"仁"有了充分理解的基础上，孟子又提出"性本善"的命题，认为有先天的"良知"、"良能"，这反映了他思想的局限性；但他也重视环境和教育对人的影响，反对"逸居而无教"，这是值得肯定的。他与其弟子万章、公孙丑等著有《孟子》七篇，为一对话式论辩文集。其文感情充沛、笔锋犀利，气势强烈，咄咄逼人，又很讲究辩论技巧，善于取譬设喻，充分体现了孟子的"好辩"风格，后世很多散文家如唐代的韩愈、柳宗元，宋代的苏轼、王安石等都深受其影响。

原文

齐宣王问曰：①"齐桓、晋文之事，可得闻乎？"②

孟子对曰："仲尼之徒，无道桓、文之事者，是以后世无传焉；③臣未之闻也。④无以，则王乎？"⑤

曰："⑥德何如，则可以王矣？"⑦

曰："保民而王，莫之能御也。"⑧

曰："若寡人者，可以保民乎哉？"⑨

曰："可。"

曰："何由知吾可也？"⑩

曰："臣闻之胡龁曰：⑪'王坐于堂上，有牵牛而过堂下者，王见之，曰："牛何之？"⑫'对曰：'将以

衅钟。"⑬王曰:"舍之!吾不忍其觳觫,若无罪而就死地。"⑭对曰:"然则废衅钟与?"⑮曰:"何可废也,以羊易之。"⑯"不识有诸?"⑰

曰:"有之。"

曰:"是心足以王矣!⑱百姓皆以王为爱也,臣固知王之不忍也。"⑲

王曰:"然。诚有百姓者。齐国虽褊小,吾何爱一牛!⑳即不忍其觳觫,若无罪而就死地,故以羊易之也。"

曰:"王无异于百姓之以王为爱也。㉑以小易大,彼恶知之!㉒王若隐其无罪而就死地,则牛羊何择焉?"㉔

王笑曰:"是诚何心哉!㉕我非爱其财而易之以羊也,宜乎,百姓之谓我爱也。"㉖

曰:"无伤也,是乃仁术也!㉗见牛未见羊也。君子之于禽兽也,见其生,不忍见其死,闻其声,不忍食其肉,是以君子远庖厨也。"㉙

王说曰:"《诗》云:'他人有心,予忖度之。'㉛夫子之谓也。㉜夫我乃行之,反而求之,不得吾心;㉝夫子言之,于我心有戚戚焉。㉞此心之所以合于王者何也?"㉟

曰:"有复于王者曰:㊱'吾力足以举百钧,而不足以举一羽,明足以察秋毫之末,而不见舆薪。'㊲则王许之乎?"㊳

曰:"否!"

曰:"今恩足以及禽兽,而功不至于百姓者,独何与?㊴然则一羽之不举,为不用力焉;舆薪之不见,为不

用明焉；⁴¹百姓之不见保，为不用恩焉。⁴²故王之不王，不为也，非不能也。⁴³」

曰：「不为者与不能者之形，何以异？⁴⁴」

曰：「挟太山以超北海，语人曰：『我不能。』是诚不能也。为长者折枝，语人曰：⁴⁶『我不能。』是不为也，非不能也。故王之不王，非挟太山以超北海之类也；王之不王，是折枝之类也。」

『老吾老，以及人之老；幼吾幼，以及人之幼』：天下可运于掌。⁴⁷《诗》云：『刑于寡妻，至于兄弟，以御于家邦。』⁴⁸言举斯心，加诸彼而已。⁴⁹故推恩足以保四海，不推恩无以保妻子。⁵⁰古之人所以大过人者，无他焉，善推其所为而已矣！今恩足以及禽兽，而功不至于百姓者，独何与？⁵¹权，然后知轻重；度，然后知长短。⁵²物皆然，心为甚。⁵³王请度之。

⁵⁴抑王兴甲兵，危士臣，构怨于诸侯，然后快于心与？⁵⁵」

王曰：「否，吾何快于是！将以求吾所大欲也。⁵⁶」

曰：「王之所大欲，可得闻与？」

王笑而不言。

曰：「为肥甘不足于口与？轻暖不足于体与？⁵⁷抑为采色不足视于目与？声音不足听于耳与？便嬖不足使令于前与？⁵⁸王之诸臣，皆足以供之，而王岂为是哉！⁵⁹」

曰：「否。吾不为是也。」

曰：「然则王之所大欲可知已：⁶⁰欲辟土地，朝秦、楚，莅中国，而抚四夷也。⁶¹以若所为，求若所欲，犹缘木而求鱼也。⁶²」

王曰：「若是其甚与？⁶³」

江山秋色图（局部） 宋·赵伯驹

此图为高头大卷青绿山水巨作。卷中山重水复，间以竹林乔木、楼观屋宇、山庄茅舍及骡冈行旅等人物活动，画风精密不苟，设色艳丽和谐，章法严谨，造型准确生动，更多地体现出宫廷画院艺术特色。

曰：「殆有甚焉。⁶⁴缘木求鱼，虽不得鱼，无后灾；以若所为，求若所欲，尽心力而为之，后必有灾。」

曰：「可得闻与？」

曰：「邹人与楚人战，⁶⁵则王以为孰胜？」⁶⁶

曰：「楚人胜。」

曰：「然则小固不可以敌大，寡固不可以敌众，弱固不可以敌强。海内之地，方千里者九，齐集有其一；⁶⁷以一服八，⁶⁸何以异于邹敌楚哉！⁶⁹盖亦反其本矣！今王发政施仁，使天下仕者皆欲立于王之朝，耕者皆欲耕于王之野，⁷⁰商贾皆欲藏于王之市，⁷¹行旅皆欲出于王之涂，天下之欲疾其君者，皆欲赴愬于王：⁷²其若是，孰能御之？」

王曰：「吾惛，不能进于是矣！⁷³愿夫子辅吾志，明以教我。我虽不敏，请尝试之！」⁷⁴

曰：「无恒产而有恒心者，惟士为能。⁷⁵若民，则无恒产，因无恒心。⁷⁶苟无恒心，放辟邪侈，无不为已。⁷⁷及陷于罪，然后从而刑之，是罔民也。⁷⁸焉有仁人在位，罔民而可为也！是故明君制民之产，⁷⁹必使仰足以事父母，俯足以畜妻子，⁸⁰乐岁终身饱，⁸¹凶年免于死亡；⁸²然后驱而之善，故民之从之也轻。⁸³今也制民之产，仰不足以事父母，俯不足以畜妻子，乐岁终身苦，凶年不免于死亡；此惟救死而恐不赡，奚暇治礼义哉！⁸⁴『王欲行之，则盍反其本矣！五亩之宅，树之以桑，五十者可以衣帛矣；⁸⁵鸡豚狗彘之畜，无失其时，七十者可以食肉矣；⁸⁶百亩之田，勿夺其时，八口之家，可以无饥矣；⁸⁷谨庠序之教，申之以孝悌之义，颁白者不负戴于道路矣。⁸⁸老者衣帛食肉，黎民不饥不寒，然而不王者，未之有也。』⁸⁹

选自《孟子·梁惠王上》

注释

①齐宣王：齐威王之子，战国时田氏齐国的第四代国君。他喜欢文学游说之士，提倡学术，优待各派学者，当时的著名人物如环渊、慎到等都汇集到稷下学宫来讲学，孟子也曾做过他的客卿。②『齐桓』两句：齐桓公、晋文公两位霸主的事业，能说给我听听吗？齐桓公，春秋五霸之首。晋文：指晋文公，春秋时第二位霸主。齐宣王上承威王的事业，曾经打败过魏国军队，又有稷下学宫众多学者拥护，一时国势强大，不免野心滋蔓，想要仿效齐桓、晋文而自成霸业，于是便向孟子提问请教。③『仲尼』三句：孔子的门徒没有人说起过齐桓、晋文两位霸主的事业，所以没有能流传下来。④臣未之闻：我也从来没听说过。未之闻，即未闻之。⑤『无以』两句：不得已的话，那就说说推行王道的事可以吗？以：通『已』，停止。王（wǎng）：行王道。下文『可以王矣』、『保民而王』之『王』义同。⑥曰：指齐宣王所说，主语省略，下同。⑦『德何如』两句：德行要怎么样才能够在天下称王呢？⑧『保民』两句：只要实行使人民安居的王道，就没有人能抵御而天下无敌了。保：使……安。⑨『寡人』两句：像我这样，可以使人民安居吗？乎

古文觀止

卷四　战国文

一〇一

古文觀止 卷四 戰國文

哉：都是疑問助詞，連用起到加重語氣的作用。⑩『何由』句：你從哪裡知道我可以呢？⑪胡齕（hé）：齊宣王近臣。⑫牛何之：把牛牽到什麼地方去？何之，即『之何』。之，往。何，哪裡，什麼地方。⑬將以釁（xìn）鐘：準備殺了這頭牛，用它的血來塗新鐘的孔隙。釁，指用牲口的血塗在新鑄成的鐘的孔隙上進行祭祀。⑭『舍之』三句：放了它！我不忍心看它這種因恐懼而發抖的樣子，這樣沒有罪就把它送到了死地。觳觫（húsù）：因恐懼而發抖。若：這樣。就：近。⑮『然則』句：既然如此，那麼就廢除釁鐘的儀式嗎？與：通『歟』，疑問助詞。⑯『何可』兩句：怎麼可以廢除呢，用羊來調換牛吧。⑰不識有諸：不知道有沒有這件事？識，知道；諸，兼詞，『之乎』合音。⑱是心：有這樣的仁心。⑲以王為愛：認為君王吝惜這頭牛。愛，吝惜。固：本來。⑳『誠有』句：確實有這樣說的百姓啊。㉑『齊國』兩句：齊國地方雖然狹小，我又何至于愛惜一頭牛呢？褊（biǎn）小：狹小。㉒無異：無怪。異，驚異，奇怪。㉓『以小』兩句：百姓只看到你拿羊去換牛，他們哪裡知道君王的心思呢？惡（wū）：如何，哪裡。㉔隱：同情，疼愛。擇：分別，區別。㉕『是誠』句：這到底是什麼心思呢？誠：到底，實在。㉖『我非』三句：我並不是愛惜一頭牛的價值大，而拿價值小的羊來調換它啊，老百姓說我吝嗇也是應該的了。宜：應該，難怪。乎：語尾助詞。㉗無傷：沒有關係。不要緊。『是乃』句：這就是仁慈之道啊。乃：是。術：道，途徑，方法。㉘『見牛』句：因為只有看見牛的恐懼而沒有看見羊的恐懼。㉙『是以』句：因此君子總是遠離廚房。遠：遠離。庖（páo）：廚房。㉚說：通『悅』。㉛『他人』兩句：這是《詩經·小雅·巧言》中的詩句，意思是說別人有什麼心事，我能夠猜測出來。忖度（cǔnduó）：猜測，揣摩。㉜『夫子』句：說的就是先生你這樣的人有什麼心事，我能夠猜測出來。夫子：對孟子的尊稱。㉝『夫我乃』三句：當時我這樣做了，但回過頭來追問自己，連自己也不知道當啊。

时是怎么想的。夫(fú)：发语词。乃：这样。反：通"返"。㉞"夫子"两句：现在经你这么一说，我的心里很受感动啊。戚戚：指内心受感动，有所领悟的样子。㉟"此心"句：不过说这种心理符合王道是什么原因呢？所以：表示原因。㊱"有复"句：假如有人向大王报告说。复：告诉，报告。㊲"吾力"两句：我的力气能够举起三千斤重的东西，却拿不起一根鸟的羽毛。钧：古代重量单位，一钧相当于三十斤。"明足"两句：我的视力能够看清秋天鸟兽新毛的末端，却看不见整车的柴草。末：末梢，末端。舆薪：整车柴草。舆，车。薪，柴草。明：指视力。秋毫：鸟兽秋天换毛，新生的羽毛非常纤细。末……舆薪……。㊳许：相信。㊴"今恩"三句：现在君王的恩惠能够施到禽兽身上，但是功德却施不到百姓身上，偏偏是什么缘故呢？独：偏偏。与：疑问语气词。㊵"然则"两句：可见一根鸟的羽毛都拿不起来，是因为不肯用力的缘故。然则：承接上文的连接词。焉：兼词，相当于"于之"，对此。下文两"焉"字用法同此。㊶"舆薪"两句：整车的柴草都没有看见，是因为不肯用眼睛去看的缘故。㊷"百姓"两句：百姓不能受到保护，是因为君王不肯施行恩惠啊。见：被，受到。㊸"故王"三句：所以君王的不实行王道，是因为不肯做而没有能力做这种情形，有什么不同呢？形：表现。㊹"不为"两句：不肯做和没有能力做这两种情形，有什么不同呢？形：表现。㊺"挟太山"句：把泰山夹在胳膊底下跳过北海去。太山：即泰山。语(yù)人：告诉人。㊻"为长(zhǎng)者"句：为长辈按摩肢体。枝：通"肢"。一说为长辈折一根树枝，或向长者折腰行鞠躬礼，亦通。但无论取哪种解释，都指很容易办到的事。㊼"老吾老"五句：敬爱自己的老人，再推而广之敬爱别人的老人；抚爱自己的孩子，再推而广之去抚爱别人的孩子，这样天下事就可以握在你的手掌中了。第一个"老"字和第一个"幼"字都用作动词，分别是敬爱和抚爱的意思。㊽"刑于"三

古文觀止 卷四 戰國文

句：文王先做出榜樣給妻子看，然後推及兄弟身上，再進一步推而廣之去治理家族和邦國。出自《詩經·大雅·思齊》。刑：通「型」，指做出榜樣。寡妻：對自己妻子的謙稱，指正妻，嫡妻。御：治理。⑲「言舉」兩句：這就是說，把這種仁心推廣到別人身上罷了。言：這就是說。舉：用，把。斯心：這種仁心。斯，這。⑳「故推恩」兩句：所以推恩于百姓就能夠保有天下，不推恩于百姓，即便是自己的妻子也保全不了。㉑「古之人」三句：古代的聖人所以能夠大大地超出一般人，沒有別的什麼原因，只是善于將他的仁心推廣到所做的事業上去罷了。古之人：指古代聖人。㉒「權」下四句：物品只有用秤稱過，然後才能知道它的輕重，用尺量過，然後才能知道它的長短。權：動詞，用秤稱。度：動詞，用尺量。㉓「物皆然」兩句：物品都是這樣，人心更是如此。㉔度（duó）：忖度，思量。㉕「抑王」四句：或者君王還想發動戰爭，使得士兵臣下遭受戰爭的危害，結怨于諸侯各國，然後才感到心裡痛快嗎？抑：或者。構怨：結怨。與：通「歟」。㉖「否」：不是的，我何必在這上面追求痛快呢？我是想要實現我的最大的欲望。將：想。要。㉗「為肥甘」兩句：是因為肥美甘甜的食物不能滿足口腹的享受嗎？是因為輕暖的衣服不能滿足身體享受嗎？還是因為美妙的音樂不能滿足聽覺的享受嗎？還是因為華麗的顏色不能滿足視覺的觀賞嗎？還是親近寵愛的人不能在面前隨意使喚嗎？便嬖（piánbì）：指君王左右受到寵愛的人。㉘「王之」三句：以上這些東西，君王的臣子們都能夠供應的，君王難道是為了這些嗎？㉙已：通「矣」，語助詞。㉚「欲辟」四句：想要開拓疆土，使秦、楚前來朝貢，威臨中原而安撫四方蠻夷。朝：使……朝。莅（lì）：臨。中國：指中原。㉛「猶緣木」句：這就像是爬到樹上去捕魚一樣。㉜若是其甚與：真的這麼厲害嗎？㉝鄒：當時的小㉞殆有甚焉：恐怕比這更厲害。殆，恐怕。焉，兼詞，相當于「于此」。

国，在今山东邹县。楚：当时的大国，疆域广大，拥有长江中游地区纵横五千里地，实力雄厚。⑯孰胜：谁会胜利？孰，谁。『海内』两句：四海之内地面纵横千里的共有九份。⑱齐集有其一：齐国四面集拢来只不过占有其中一份。⑲『以一』两句：拿一份去征服八份，这同邹国去对抗楚国有什么两样呢！⑳『盖』（hé）亦』句：为什么不回过头来寻找根本的办法呢？盖，通『盍』，何不，为什么不。本：指施行仁政为根本。㉑发政施仁：发布政令，施行仁政。㉒『商贾』（gǔ）』四句：做生意的都想把货物放在大王的市场上出售，出门人都想在大王的道路上来往，天下那些怨恨自己国君的人都愿赶来向大王申诉。疾：恨，怨。赴：赶来。愬（sù）：通『诉』。㉓『吾惛』（hūn）』两句：我很糊涂啊，恐怕不能理解到这样的地步了。惛：即『昏』，糊涂。㉔『愿夫子』四句：希望先生您能辅助我的志向，明明白白地教导我，我虽然不聪敏，请允许我按照您的意思试着去实行。敏：聪敏。㉕『无恒产』两句：没有固定的产业却有坚定不移的善心，只有士人才能做到。恒产：指固定产业。恒心：指不变的善心。㉖『若民』三句：至于一般的老百姓没有固定产业，也就没有坚定不移的善心了。因：因而，于是就。㉗『苟无』三句：如果没有恒心，那就会放肆作乱，无恶不作了。放辟邪侈：指违反礼法，不利于统治者利益的事。㉘『及陷』三句：等到犯了罪，再去处罚他，这就等于事先张好了罗网使人陷入圈套指捕鸟的罗网，这里用作动词，指张网使人陷害百姓。刑：处罚。罔民：坑害百姓。罔，通『网』，原指捕鸟的罗网。㉙制民之产：规定人民可占用的产业。制，规定。⑳畜（xù）妻子：养活妻子儿女。畜，养育。㉛乐岁：指丰年。㉜凶年：指荒年。㉝『然后』两句：然后督促他们一心向善，所以人民服从起来就容易。驱：督促，教导。之，到。向，轻：容易。㉞『此惟』两句：像这样的话，仅仅把自己从死亡的威胁下拉出来都来不及，哪有工夫去讲求礼仪呢？赡

卷四 战国文

一〇五

古文觀止 卷四 戰國文

(shàn)……足。治……講究，講求。⑧『五亩』三句……使老百姓每户有五亩的住宅，在宅边种些桑树来养蚕，那么，五十岁的人就有丝绸衣服可以穿了。衣(yì)帛……穿绸衣。衣，动词，穿。⑧『鸡豚(tún)』三句……鸡狗猪等的饲养，不要错过它们生育繁殖的时间，那么，七十岁的老人有肉可以吃了。豚……本指小猪，这里泛指猪。畜(xù)……饲养。时……这里指生育繁殖的时机。⑧『百亩』四句……每家给一百亩的田地，不要耽误他们耕种的节气时令，那么，一个有八口人的家庭，就可以不用挨饿了。⑧『谨庠(xiáng)序』句……然后重视学校教育。谨……重视。庠序……古代乡学名称。『申之』句……反复开导人们懂得孝顺父母尊敬兄长的道理。申……反复开导，叮咛。悌(tì)……尊敬兄长。『颁(bān)白』句……那么，头发花白的老人，就不会自己背上背着、头上顶着东西在路上奔波了。颁……通『斑』。负……指背上背东西。戴……头上顶东西。⑨黎民……黑头发的百姓，指少壮的人，与上文『颁白者』相对。『然而不王者』两句……像这样还不能在天下称王的，那是从来没有的事。未之有……『未有之』的倒装。

逍遥游

庄子

作者简介

庄子（约前369~前286），名周，战国时期宋国蒙（今河南商丘东北）人。曾做过蒙地的漆园小吏。道家学派主要代表人物，与道家始祖老子并称『老庄』。他的思想相当复杂。在政治上，他蔑视权贵，愤世嫉俗，鄙薄利禄，富于批判精神；但又主张『弃圣绝智』，『无为而治』，取消

斗争，回到淳朴自然的远古社会。在哲学上，他的思想包含着朴素辩证法因素，主要思想是『天道无为』，认为一切事物都处在无穷的变化之中；但又同物我，泯是非，否定事物的本质区别和客观真理，否定一切知识。在处世为人上，主张安时处顺，远离现实，逍遥自得，幻想个人的绝对自由。总而言之，他对封建统治者虽有极其清醒的认识和极为深刻的批判，他的哲学思想也达到了很高的思维水准，但就其整个体系看，则是属于没落阶级的思想意识，是唯心主义的，对后世产生过不良影响。集中体现他思想的《庄子》一书，据载原为五十二篇，今存郭象注过的三十三篇，分《内篇》、《外篇》和《杂篇》三部分。一般认为《内篇》七篇为他本人所作，《外篇》十五篇、《杂篇》十一篇当出自其门人及后学之手。庄子的文章，想象力很强，文笔变化多端，具有浓厚的浪漫主义色彩，并采用寓言故事的形式，富有幽默讽刺的意味，对后世文学语言产生了很大的影响。其超常的想象和变幻莫测的寓言故事，构成了庄子特有的奇特的想象世界，『意出尘外，怪生笔端。』其文学成就之高，在我国古典散文中实属罕见。嵇康、阮籍、陶渊明、李白、苏轼等作家，均深受他的影响。

原文

北冥有鱼，其名为鲲。①鲲之大，不知其几千里也。化而为鸟，其名为鹏。②鹏之背，不知其几千里也；怒而飞，其翼若垂天之云。③是鸟也，海运则将徙于南冥。南冥者，天池也。④《齐谐》者，志怪者也。⑤《谐》之言曰：『鹏之徙于南冥也，水击三千里，抟扶摇而上者九万里，去以六月息者也。』⑦野马也，尘埃也，生物之以息相吹也。⑧天之苍苍，其正色邪？其远而无所至极邪？⑨其视下也，亦若是则已矣。⑩

古文觀止 卷四 戰國文

且夫水之積也不厚，則其負大舟也無力。覆杯水於坳堂之上，則芥為之舟；置杯焉則膠，水淺而舟大也。⑫風之積也不厚，則其負大翼也無力。故九萬里，則風斯在下矣，而後乃今培風；⑬背負青天而莫之夭閼者，而後乃今將圖南。⑭蜩與學鳩笑之曰：⑮「我決起而飛，槍榆枋而止。⑯時則不至，而控於地而已矣。⑰奚以之九萬里而南為？」⑱

適莽蒼者，三湌而反，腹猶果然；⑲適百里者，宿舂糧；⑳適千里者，三月聚糧。㉑之二蟲又何知？㉒小知不及大知，小年不及大年。㉓奚以知其然也？朝菌不知晦朔，蟪蛄不知春秋：㉔此小年也。楚之南有冥靈者，以五百歲為春，五百歲為秋；上古有大椿者，以八千歲為春，八千歲為秋：㉕此大年也。而彭祖乃今以久特聞，眾人匹之，不亦悲乎？㉗

湯之問棘也是已：㉘「窮髮之北，有冥海者，天池也。有魚焉，其廣數千里，未有知其修者，其名為鯤。㉚有鳥焉，其名為鵬，背若泰山，翼若垂天之雲，摶扶搖羊角而上者九萬里；㉛絕雲氣，負青天，然後圖南，且適南冥也。㉜斥鷃笑之曰：㉝『彼且奚適也？我騰躍而上，不過數仞而下，翱翔蓬蒿之間，此亦飛之至也！㉞而彼且奚適也？』」此小大之辯也。㉟

故夫知效一官，行比一鄉，德合一君，而徵一國者，其自視也亦若此矣。㊱而宋榮子猶然笑之。㊲且舉世而譽之而不加勸，舉世而非之而不加沮，㊳定乎內外之分，辯乎榮辱之境，斯已矣。㊴彼其於世，未數數然也。㊵雖然，猶有未樹也。㊶

夫列子御風而行，泠然善也，旬有五日而後反。㊷彼於致福者，未數數然也。此雖免乎行，猶有所待者

也。㊹若夫乘天地之正，而御六气之辩，以游无穷者，彼且恶乎待哉！㊺故曰：至人无己，神人无功，圣人无名。㊻

尧让天下于许由，㊼曰：『日月出矣，而爝火不息；其于光也，不亦难乎！㊽时雨降矣，而犹浸灌；其于泽也，不亦劳乎！㊾夫子立而天下治，而我犹尸之，吾自视缺然，请致天下。』许由曰：『子治天下，天下既已治也；而我犹代子，吾将为名乎？名者，实之宾也，吾将为宾乎？㋄鹪鹩巢于深林，不过一枝；㋁偃鼠饮河，不过满腹。㋂归休乎君！予无所用天下为。㋃庖人虽不治庖，尸祝不越樽俎而代之矣。㋄』

肩吾问于连叔曰：『吾闻言于接舆，大而无当，往而不反。㋅吾惊怖其言，犹河汉而无极也；大有径庭，不近人情焉。㋆』连叔曰：『其言谓何哉？㋇』曰：『"藐姑射之山，有神人居焉。肌肤若冰雪，淖约若处子；㋈不食五谷，吸风饮露；乘云气，御飞龙，而游乎四海之外；其神凝，使物不疵疠而年谷熟。㋉" 吾以是狂而不信也。㋊』

连叔曰：『然。瞽者无以与乎文章之观，聋者无以与乎钟鼓之声。㋋岂唯形骸有聋盲哉？夫知亦有之。㋌是其言也，犹时女也。㋍之人也，之德也，将旁礴万物以为一。㋎世蕲乎乱，孰弊弊焉以天下为事！㋏之人也，物莫之伤：大浸稽天而不溺，大旱金石流、土山焦而不热。㋐是其尘垢秕糠，将犹陶铸尧、舜者也！孰肯以物为事。㋑宋人资章甫而适诸越，越人断发文身，无所用之。㋒尧治天下之民，平海内之政，往见四子藐姑射之山、汾水之阳，窅然丧其天下焉。㋓』

惠子谓庄子曰：㋔『魏王贻我大瓠之种，我树之成而实五石。以盛水浆，其坚不能自举也；㋕剖之以为

古文觀止 卷四 戰國文

瓢，則瓠落無所容。⑲非不呺然大也，吾為其無用而掊之。"莊子曰："夫子固拙於用大矣！宋人有善為不龜手之藥者，世世以洴澼絖為事。⑳客聞之，請買其方百金。聚族而謀曰：'我世世為洴澼絖，不過數金；今一朝而鬻技百金，請與之。'㉑客得之，以說吳王。越有難，吳王使之將；冬，與越人水戰，大敗越人，裂地而封之。㉒能不龜手，一也；或以封，或不免於洴澼絖，則所用之異也。今子有五石之瓠，何不慮以為大樽而浮乎江湖？㉓而憂其瓠落無所容，則夫子猶有蓬之心也夫！"㉔

惠子謂莊子曰："吾有大樹，人謂之樗；其大本擁腫而不中繩墨，其小枝卷曲而不中規矩。立之塗，匠者不顧。㉕今子之言，大而無用，眾所同去也。"莊子曰："子獨不見狸狌乎？卑身而伏，以候敖者；㉖東西跳梁，不避高下；㉗中於機辟，死於罔罟。㉘今夫斄牛，其大若垂天之雲。㉙此能為大矣，而不能執鼠。㉚今子有大樹，患其無用，何不樹之於無何有之鄉，廣莫之野，彷徨乎無為其側，逍遙乎寢臥其下；㉛不夭斤斧，物無害者。㉜無所可用，安所困苦哉？"㉝

選自《莊子·內篇》

注釋

①北冥：即北海，下文「南冥」即南海。冥，同「溟」，海。鯤（kūn）：本指魚卵，這裡借為大魚名。②鵬：古「鳳」字，大鳥名。③怒而飛：奮翅而飛。怒，同「努」，奮發的樣子。④海運：即「運於海」，指在海上飛行。運，飛翔。⑤天池：本一說，鯤，當作鯨。天之雲：好像垂在天空的雲。垂天，天邊。⑥《齊諧》：書名。或以為人名。志怪：記載怪異的事物。志，記載；怪，怪異的事物。⑦水擊：擊水。指鵬飛翔時，翅膀拍擊水面。摶（tuán）扶搖而上：乘著大風盤旋著向

一一〇

上飞。抟，回旋环绕。扶摇，盘旋而上的大风，即『飙』。去以六月息：飞行了六个月才停下来。息，休息，止息。⑧『野马也』三句：野马样的云气，飞扬的尘埃，都是靠生物的吹拂而游动的。野马：春天林泽中浮游的云气。息：气息。一说，野马即飞动的尘埃。⑨『天之』三句：天色深蓝，这是它本来的颜色呢，还是由于它的高远而看不到尽头呢？苍苍：指深蓝色。其：表推测，抑或，或许。正色：本色。极：尽头。⑩『其视』二句：鹏从天空向下看，也不过是像人在地面向天上看罢了，意思是说看不到其真相。其：指鹏。若是：像这样。则已：而已。⑪坳（ào）堂：指室内的低洼处。⑫置杯焉则胶：如果放一个杯子在里面，那就浮不起来了。焉，兼词，相当于『于之』；胶，粘住，这里指搁浅。⑬『故九万里』三句：鹏飞到九万里的高空，风就在它的翅膀下面了。然后才开始乘着风飞行。斯：就。下：指鹏的翅膀下。今：即。培风：乘风。培，同『凭』。⑭天阏（è）：阻挡，遏止。天，折，阏，塞。图南：准备向南飞。图，准备，打算。⑮蜩（tiáo）：知了。学鸠：小斑鸠。学，又作『鹫（xué）』。⑯决起而飞：迅速地飞起。决，迅疾的样子。枪：突，冲上。榆：榆树。枋（fāng）：檀木。⑰『时则』二句：有时可能飞不到树上，就跌落到地上了。时：有时。则：或。控：跌落。⑱『奚以』句：哪里用得着飞到九万里的高空再往南飞呢？奚以……为：哪里用……何用，哪里用。为：语助词。⑲适：到。莽苍：代指郊野。飡（sūn）：同『餐』。反：同『返』。⑳宿（xī）舂粮：前一天晚上就捣米准备粮食。宿，隔以三餐指一日。果然：饱足的样子。果，实，充实。㉑三月聚粮：出发前三个月就开始准备粮食。一说，备足三个月的食粮。宿，前夜，春，用杵在臼中捣米。㉒之二虫：指蜩和学鸠。之，这。㉓知：同『智』。年：寿命，寿限。㉔『朝菌』二句：朝菌朝生暮死，不

古文觀止 卷四 戰國文

知黎明与夜晚；寒蝉春生夏死，夏生秋死，不知一年四季。朝菌：一种朝生暮死的菌类植物。晦：黑夜。朔：平明。蟪蛄：寒蝉，又名蜩蟧，春生夏死，夏生秋死。春秋：代指一年。㉕冥灵：古代一种树的名称。冥，或作"楧"。㉖大椿：古寓言中的木名，以一万六千岁为一年。㉗彭祖：传说中以长寿闻名的人，活了八百岁。乃今：而今。以久特闻：以长寿而独闻名于世。特，独；闻，闻名，著名。匹之：和他相比。匹，比。㉘"汤之"句：汤问棘就是说的这件事。汤，商汤，商朝第一代王。棘：又作"革"，商汤时的大夫。是已：相当于"是也"。㉙穷发：极北方荒凉而草木不生的地方。发，毛，这里指草木。从这句到"而彼且奚适也？"是棘回答汤的话。㉚修：长。㉛羊角：旋风。㉜绝云气：穿过云层。绝，超越。㉝斥鴳(yàn)：小雀名，传说它飞不过一尺高。斥，同"尺"，小池泽。㉞仞：八尺，或说为七尺。至：极，最高限度。㉟小：指斥鴳。大：指大鹏。辩：同"辨"，区别。㊱知效一官：才智可以胜任一官之职的。知，同"智"；效，胜任。行比一乡：行为能符合一乡人心意的。行，行为；比，合。德合一君：道德可以投合一国的君主。而征一国者：才能可以被一个国家的人信任的。而，通"能"，才能，能力；征，信，取信。其：指上述四种人。此：指斥鴳。㊲宋荣子：即战国中期思想家宋钘(jiān)，亦作宋牼(kēng)。犹然：微笑自得的样子。之：指上述四种人。㊳举：全。加：加，更加。劝：勉励。沮(jǔ)：沮丧。㊴"定乎"三句：宋荣子确定了内外的分别，辨明了荣辱的境界。㊵"彼其"二句：宋荣子不急切追求这样而已。世间功名。数然：急切追求的样子。数数，相当于"汲汲"，急迫。这两句话是说，宋荣子这样的人在世上并不多见。㊶未树：指宋荣子还没有达到无所待而游于无穷的境界。㊷列子：即列御寇，郑人，

战国时哲学家。传说他能够乘风而行。御：乘。泠（líng）然：轻妙的样子。善：妙，指御风技术高。旬有五日：即十五天。十日为一旬。有，同『又』。反：同『返』。㊸『彼于』二句：列子对于求福的事，并没有汲汲追求。致福：求福。致，使……至。数数：汲汲追求；一说，常常。这句话的意思是说列子在求福人之中并不多见。㊹免乎行：免于步行。待：凭借，依赖。㊺乘天地之正：顺应万物的本性。乘，驾驭，这里意为顺应。正，正气，指自然的本性。御六气之辩：适应阴、阳、晦、明、风、雨六气的变化。御，驾御，这里意为适应。六气，阴、阳、风、雨、晦、明。辩，同『变』，变化，与『正』对举。无穷：指无限的时间与空间，即宇宙。『彼且』句：那样的人还依赖什么呢？恶（wū）乎待：依赖什么。㊻『至人』三句：至人能忘掉自我，神人不求有功，圣人不求有名。至人：庄子理想中达到最高修养境界的人。无己：顺应自然，忘掉自我。神人：修养达到神化不测境界的人。庄子认为，『神人』次于『至人』。无功：不求有功。圣人：庄子心目中修养次于『神人』的人。无名：不求有名。㊼许由：传说中的高士，隐居在箕山，尧听说他很贤能，要把帝位让给他，他听说后，在颍水洗耳朵，表明自己不愿接受帝位。㊽爝（jué）火：小火把。㊾『其于』二句：它要显示自己的光亮，不是很难的吗？其：指爝火。㊿时雨：应时之雨。浸灌：灌溉。(51)『其于』二句：下雨天仍要浇水浸润土地，不是白费力气吗？泽：润泽，指浸灌土地。劳：费力，徒劳。(52)夫子：古代对男子的尊称，这里是指许由。尸：古代祭祀时充当死者偶像，代替死者受祭的人。一般由孝子的侄子充当，代替死者接受孝子的祭奠。后引申为徒居其位而无其实的意思。这里用作动词。之：指天下。缺然：不足的样子。致：送给。以上都是尧的谦词。(53)宾：处于从属、次要地位的东西。(54)鹪鹩（jiāo liáo）：小鸟名，喜欢居住在树林深处，擅长于筑巢。这里是许由自喻。(55)偃（yǎn）鼠：鼠名，又名鼹鼠。

常在耕地穿穴而行，喜欢喝河水。这里是许由自喻。⑤⑥归休乎君……『君归休乎』的倒装，意思是您还是回去，不要提这事了吧！君，指尧。⑤⑦『予无』句……我用不着天下呀。意即天下对自己没有什么用处。为……语气词。⑤⑧『庖人』二句……尽管厨师没有尽到职责，掌管祭祀的官员也不会超越自己的职务范围代他行事。庖人……厨师。治庖……掌管烹饪这类的事。祝……古代执掌祭祀的官员。因为对尸而祝，所以也称尸祝。樽……酒器。俎……盛放牛羊肉的器皿。两物泛指各种厨具。⑤⑨肩吾、连叔……都是作者虚构的人物。⑥⑩接舆……春秋时楚国的隐者，接舆是他的字。『大而』二句……接舆的话夸大而不符合情理，只顾漫无边际地说，得不到印证。当（dàng）……底。往而不反……释德清《庄子内篇注》：『言只任语去，而不反求果否也。』⑥①河汉……银河。⑥②径庭……距离很大，相去悬殊。径，门外路。庭，堂外地。⑥③藐（miǎo）……辽远。姑射……山名。⑥④淖（chuò）约……美好柔弱的样子。淖，同『绰』。处子……处女。⑥⑤神凝……精神凝聚专一。疵疠……病害。疠，同『癞』，恶病。⑥⑥是……指上面接舆的话。狂……同『诳』，指荒诞的话。信……真实。⑥⑦『瞽者』句……盲人无法参与对文章的观赏。瞽者……盲人。与（yù）……参与。文章……指有文采的东西。观……观赏。⑥⑧形骸……形体。⑥⑨『是其言』二句……这些话就是指的你。是其言……这些话。时……这里作『是』讲。女……同『汝』。⑦⑩『之人』……指神人。下文『之德』指神人的道德。旁礴（pángbó）……又作『磅礴』，犹混同也。一……一体。又指事物的初始状态或混茫淳朴的上古之世。⑦①世蕲乎乱……世人求他治理天下。蕲，同『祈』，求。乱，治。『孰弊弊焉』句……神人哪里肯辛苦地把治理天下作为自己的事业呢？弊弊……辛苦劳碌的样子。⑦②『大浸』句……洪水滔天也淹没不了神人。大浸……大水。稽……至。溺……淹没。⑦③尘垢……尘土污垢。秕糠……秕谷和谷皮，比喻琐碎无用的东西，犹言『糟粕』。陶铸……本义为烧制陶器和熔铸金属，这里指培育、造就。这里是说，用神人身上无用的东西，就能造就圣人。㊆以物为事……把外物（即治理天下）当做自己的事业。㊄资……贩卖。章甫……古代殷人所戴的一种礼帽。适……往。诸……兼词，『之于』合音。断发文身……剪短头发，身上刺绘花纹。㊅四子……指王倪、啮缺、被衣、许由四人，均为得道者。汾水之阳……汾水北岸，即今山西临汾西南一带，传说其地曾为尧都。㊆惠子……即惠施，宋人，战国时期名家学派代表人物，庄子的朋友。窅（yǎo）然……深远的样子。丧……忘记，忘掉。㊇魏王……指梁惠王，相传惠施曾为梁惠王相。贻……赠，赠送。瓠（hù）……葫芦。树……种植。成……成熟。实五石……果实（指葫芦）有五石的容积。一石为十斗。『其坚』句……坚实程度。自举……相当于『自胜』。举，胜任，承受。不住。㊈瓠（huò）落……即『廓落』，空廓的样子。㊀剖（pōu）……击破。㊁不龟（jūn）手之药……即防治冻伤的药。龟，即『皲』，皮肤冻裂。洴澼（píng pì）絖（kuàng）……漂洗棉絮。洴，浮，漂。澼，漂洗。絖，同『纩』，细棉絮。㊂鬻（yù）……卖。技……指制药的技术。㊃说（shuì）……游说。越有难……越国发兵入侵吴国。将……带兵。大败越人……吴国士兵因有不龟手的药预防，冬天在水上作战皮肤不致冻裂，而越国没有，所以打败了越人。㊄裂地而封之……分出一块土地封给他。㊅『何不』句……为什么不把它系在身上作为腰舟而浮游江湖呢？虑……结缀，缚系。大樽……又名腰舟，形状像酒器，可系在身上用来漂浮渡水。㊆有蓬之心……比喻见解迂曲狭隘。蓬，一种茎叶不直的草。有蓬之心，指心有所蒙蔽，故所见不远。㊇樗（chū）……即臭椿树。㊈大本……主干。拥肿……即臃肿，指树干多瘿（yǐng）节，本指生长在颈部囊状的瘤子，不平直。中（zhòng）……合乎。绳墨……木工用来取直的工具。规……即圆规。矩……木工用来求方的工具。这两句是说，樗的枝干都不成材

古文觀止 卷四 戰國文

之涂：涂，同「途」。⑧去：同「弃」。⑨狸狌（shēng）：狸，野猫。狌，即鼬，俗称黄鼠狼。⑨敖者：指往来奔走的小动物。敖，同「遨」，这里意为「游」。⑨跳梁：即跳跃，窜越。梁，同「踉」。⑨中（zhòng）：这里指陷，触。机：捕兽用的弩机之类。辟（pì）：同「譬」。⑨罔罟（gǔ）：捕鱼捉鸟的工具。罔，同「网」。罟，网的通称。⑨氂（lí，又音lǐ）：牛，即旄牛。⑨执鼠：捕鼠。⑨无何有之乡：指一无所有的地方。广莫：广大。莫，大。彷徨：徘徊。这里有优游自得的意思。无为：超然物外，无所追求。⑨不夭斤斧：指不会被砍伐。夭，折。斤，斧的一种。⑨「无所」二句：正因为没有任何用处，哪里还会遇上什么困苦呢？意思是说没有用的东西，才能保全自己，没有用就是有大用。

劝学篇

荀子

作者简介

荀子（约前313~前238），名况，字卿，汉人为避宣帝讳，改称孙卿。战国末期赵国著名的思想家、教育家、文学家，先秦后期儒家的代表人物之一，时人尊称『荀卿』。曾在齐国游学，在稷下（今山东淄博临淄城北，是当时的学术中心）三为祭酒（即学长，行礼时居首席）。当齐襄王时，『最为老师』。后来到了楚国，春申君任用他为兰陵（今山东苍山西南兰陵镇）令。晚年免官后就定居在兰陵，从事著述与讲学。法家韩非、李斯都出自他的门下。他继承并发展了孔子的礼乐学说，也吸取战国以来的各家学说，建立起新的儒学体系。他反对天命和鬼神迷信，认为『天行有常，不为尧存，不为桀亡』，大自然的运行

有客观规律，不以人们的主观意志为转移，更与人间的治乱无关；进而强调人们应当而且能够掌握自然规律，"制天命而用之"，从而把古代唯物主义天道观提升到一个新的高度；他又从与孟子观点截然相反的性恶论出发，提出"隆礼"、"重法"，王霸并用的政治主张，为新兴封建政权提供了理论武器；他还发展了较为系统的教育思想，特别强调后天学习的重要性，提出学习应持正确态度和方法，从而继孔子之后在我国教育史上作出了新的贡献。荀子的文章篇幅宏伟，结构严谨，旁征博引，比喻繁富，风格浑厚，学术性强，标志着先秦时期说理文已发展到了成熟阶段。其《赋篇》借咏物说理，是最早以赋名篇的作品，被公认为汉赋的渊源之一，影响也相当深远。

原文

君子曰：①学不可以已。②青，取之于蓝，而青于蓝；③冰，水为之，而寒于水。木直中绳，𫐓以为轮，其曲中规；④虽有槁暴，不复挺者，𫐓使之然也。⑤故木受绳则直，金就砺则利，君子博学而日参省乎己，则知明而行无过矣。⑥

吾尝终日而思矣，不如须臾之所学也；吾尝跂而望矣，不如登高而博见也。⑪登高而招，臂非加长也，⑫假舆马者，非利足也，而致千里；⑬假舟楫者，非能水也，

而见者远；顺风而呼，声非加疾也，而闻者彰。⑫假舆马者，非利足也，而致千里；⑬假舟楫者，非能水也，

故不登高山，不知天之高也；不临深谿，不知地之厚也；⑦不闻先王之遗言，不知学问之大也。干、越、夷、貉之子，生而同声，长而异俗，教使之然也。⑧《诗》曰：『嗟尔君子，无恒安息。靖共尔位，好是正直。神之听之，介尔景福。』⑨神莫大于化道，福莫长于无祸。⑩

古文觀止 卷四 戰國文

而絕江河。⑭君子生非異也，善假於物也。⑮

南方有鳥焉，名曰蒙鳩。⑯以羽為巢，而編之以髮，繫之葦苕。⑰風至苕折，卵破子死。巢非不完也，所繫者然也。⑱西方有木焉，名曰射干，莖長四寸，生於高山之上，而臨百仞之淵。⑲木莖非能長也，所立者然也。蓬生麻中，不扶而直；⑳白沙在涅，與之俱黑。㉑蘭槐之根是為芷，其漸之滫，君子不近，庶人不服。㉒其質非不美也，所漸者然也。故君子居必擇鄉，遊必就士，所以防邪僻而近中正也。㉓

物類之起，必有所始；榮辱之來，必象其德。㉔肉腐出蟲，魚枯生蠹。㉕怠慢忘身，禍災乃作。強自取柱，柔自取束；㉖邪穢在身，怨之所構。施薪若一，火就燥也；平地若一，水就濕也。㉗草木疇生，禽獸群焉，物各從其類也。㉘是故質的張而弓矢至焉，林木茂而斧斤至焉，樹成蔭而眾鳥息焉，醯酸而蚋聚焉。㉙故言有召禍也，行有招辱也，君子慎其所立乎！㉛

積土成山，風雨興焉；㉜積水成淵，蛟龍生焉；積善成德，而神明自得，聖心備焉。㉝故不積蹞步，無以至千里；不積小流，無以成江海。騏驥一躍，不能十步；駑馬十駕，功在不舍。㉞鍥而舍之，朽木不折；鍥而不舍，金石可鏤。㉟蚓無爪牙之利，筋骨之強，上食埃土，下飲黃泉，用心一也。㊱蟹八跪而二螯，非蛇蟺之穴，無可寄託者，用心躁也。㊲是故無冥冥之志者，無昭昭之明；無惛惛之事者，無赫赫之功。㊳行衢道者不至，事兩君者不容。㊴目不能兩視而明，耳不能兩聽而聰。螣蛇無足而飛，鼫鼠五技而窮。㊵曰：『尸鳩在桑，其子七兮。淑人君子，其儀一兮。其儀一兮，心如結兮！』㊶故君子結於一也。㊷

昔者瓠巴鼓瑟而流魚出聽，伯牙鼓琴而六馬仰秣。㊸故聲無小而不聞，行無隱而不形；玉在山而草木潤，淵生珠而崖不枯。為善不積邪？安有不聞者乎！㊹

学恶乎始？⁴⁸恶乎终？曰：其数则始乎诵经，终乎读礼；其义则始乎为士，终乎为圣人。⁴⁹真积力久则入，学至乎没而后止也。⁵⁰故学数有终，若其义则不可须臾舍也。⁵¹为之，人也；舍之，禽兽也。故《书》者，政事之纪也；⁵²《诗》者，中声之所止也；⁵³《礼》者，法之大分，类之纲纪也。⁵⁴故学至乎《礼》而止矣。夫是之谓道德之极。⁵⁵《礼》之敬文也，《乐》之中和也，《诗》、《书》之博也，《春秋》之微也，在天地之间者毕矣。⁵⁶

君子之学也，入乎耳，箸乎心，布乎四体，形乎动静；端而言，蝡而动，一可以为法则。⁵⁷小人之学也，入乎耳，出乎口，口耳之间则四寸耳，曷足以美七尺之躯哉？⁵⁸古之学者为己，今之学者为人。⁵⁹君子之学也，以美其身；小人之学也，以为禽犊。⁶⁰故不问而告谓之傲，问一而告二谓之囋。⁶¹傲，非也；囋，非也；君子如嚮矣。⁶²

学莫便乎近其人。⁶³《礼》、《乐》法而不说，《诗》、《书》故而不切，《春秋》约而不速。⁶⁴方其人之习君子之说，则尊以遍矣，周于世矣。⁶⁵故曰：学莫便乎近其人。

学之经莫速乎好其人，隆礼次之。⁶⁶上不能好其人，下不能隆礼，安特将学杂识志，顺《诗》、《书》而已耳！⁶⁷则末世穷年，不免为陋儒而已。⁶⁸将原先王，本仁义，则礼正其经纬蹊径也。⁶⁹若挈裘领，诎五指而顿之，顺者不可胜数也。⁷⁰不道礼宪，以《诗》、《书》为之，譬之犹以指测河也，以戈舂黍也，以锥飡壶也，不可以得之矣。⁷¹故隆礼，虽未明，法士也；⁷²不隆礼，虽察辩，散儒也。⁷³

问楛者，勿告也；告楛者，勿问也；说楛者，勿听也；有争气者，勿与辩也。⁷⁴故必由其道至，然后接之；非其道则避之。⁷⁵故礼恭而后可与言道之方，辞顺而后可与言道之理，色从而后可与言道之致。⁷⁶故未可与言而言谓之傲，可与言而不言谓之隐，不观气色而言谓之瞽。㉆故君子不傲、不隐、不瞽，谨顺其身。㉇《诗曰》：『匪交匪舒，天子所予。』㉈此之谓也。

百发失一，不足谓善射；千里蹞步不至，不足谓善御；㉉伦类不通，仁义不一，不足谓善学。㉊学也者，固学一之也。㉋一出焉，一入焉，涂巷之人也；㉌其善者少，不善者多，桀、纣、盗跖也；㉍全之尽之，然后学者也。

君子知夫不全不粹之不足以为美也，故诵数以贯之，思索以通之；㉎为其人以处之，除其害者以持养之。㉏使目非是无欲见也，使耳非是无欲闻也，使口非是无欲言也，使心非是无欲虑也。及至其致好之也，目好之五色，耳好之五声，口好之五味，心利之有天下。㉐是故权利不能倾也，群众不能移也，天下不能荡也。㉑生乎由是，死乎由是，夫是之谓德操。㉒德操然后能定，能定然后能应。㉓能定能应，夫是之谓成人。天见其明，地见其光，君子贵其全也。㉔

选自《荀子》

注释

①君子：指有学问，懂礼义的人。②已：停辍，中止。③取之于蓝：蓝，一种可以提取青色染料的草本植物。④中(zhòng)：合乎，合于。绳：绳墨，木工用来取直的墨线。鞣(róu)：通「煣」，用火烘烤木材，使之弯曲。规：即圆规。⑤槁暴(pù)：晒干。槁，干枯。暴，通「曝」，晒。挺：伸直。⑥木受绳则直：木材按绳墨加工就直。金就砺则利：金属在磨刀石上磨过，就会锋利。金，指金属，这里指刀类。砺，磨刀石。日参省(xǐng)乎己：意同「吾日三省吾身」。参，同「三」。省，反省。知：同「智」。

风雨归牧图 宋·李迪

此图表现的是风雨将作时,两个牧童驱牛回家的场面。作者对背景的处理巧用心机。两株古柳出枝挺拔,支撑着迎风翻舞的柳丝,侧面地表现了风势之猛。坡上杂木、岸边芦苇,叶落枝摧,风势之急得到极度的渲染。从笔墨处理来看,古树勾中带皴,一丝不苟,颇得娟秀之气。密密层次丰富、朦朦胧胧的柳叶,勾点结合,浓淡相济,给人以大雨将作、细雾先到的清润之感。

行(xíng):行为。 ⑦深豀:深谷。 ⑧干、越、夷、貉:干,越,夷,貉……指四方民族。干(hán),南方小国,又称"邗",为吴国所灭。这里指的是吴国。干、越,实指吴越两国。夷,泛指古代东方各部族。貉(mò),同"貊",古代北方部族。 ⑨"嗟尔"六句:你们这些君子啊,不要总是贪图安逸,要兢兢业业地对待你们的职守,爱好正直,神灵知道了,就会有大福赐给你们。引自《诗经·小雅·小明》。恒:常。安息:作"安处"解。靖:同"静",共,通"恭"。靖共,等于说"敬慎"。听:察。位:职位,职守。好:爱好。介:给予。景:大。 ⑩"神之"的"之",助词,无实义。 "神莫"二句:最高的修养境界莫过于被道所改变,最大的福气莫过于不受灾祸。神:指精神修养的最高境界。化:由于受影响而起变化。道:指圣贤之道。化道,指由于受道的影响而改变自己的气质,使之合于道。 ⑪跂(qí):踮起脚跟。 ⑫加疾:声音更加洪亮。加,加大,加强。疾,壮。 ⑬"假舆马"三句:借助于车马的人,并非他的脚走得快,却能达到千里之外。假:借助。利:快,迅疾。致:达到。 ⑭"假舟楫"三句:借助于舟船的人,并非善于游泳,却能横渡江河。楫:同"楫",桨,这里

古文觀止 卷四 戰國文

和『周』一起指船。善水：善於游泳。絕：橫渡。⑮『君子』二句：君子生性和一般人沒什麼差別，只是善於借助外物罷了。生：讀作『性』，指生性，天性。物：指客觀外物，既包括具體器物，也包括人，如師友等。⑯蒙鳩：即鷦鷯，一種善築巢的小鳥，俗稱巧婦鳥。⑰髮：毛髮。苕（tiáo）：指葦梢。葦，蘆葦；苕，蘆葦頂端花穗上的嫩條。⑱『巢非不完』二句：楊倞注：『言人不知學問，其所置身，亦猶繫葦之危也。』然：使……這樣。⑲射（yè）干：多年生草本植物，莖長，開白色或紅黃色花，生於高地，可入藥補。涅：黑泥。⑳蓬：草名，莖長尺餘，開小白花。麻：即大麻，莖高而直。㉑『白沙』二句：今本無此二句，據王念孫說補。㉒蘭槐：香草名，其根名芷。其：若，假如。漸：浸漬。滫（xiǔ）：臭水。服：佩戴。㉓游必就士：外出交遊，一定接近賢士。㉔『物類』四句：萬物的發生，一定有其最初的原因；榮辱的到來，必然依據人們的品德。物類：即萬物。起：興起，發生。始：始因，最初的原因。象：通『像』，依據。㉕蠹（dù）：蛀蟲。㉖強自取柱：王念孫《讀書雜志》：『此言物強則自取斷折，所謂太剛則折也。』柱，讀為『祝』，意為斷折。柔自取束：柔軟的東西容易受到約束。取，受到。㉗『邪穢』二句：自身有邪穢的行為，仇怨就會聚集到他那裡。構：結。㉘『施薪』四句：同樣加柴，火總是向乾燥的一面燒去，平地倒水，水總向潮濕的地方流去。施：加，擺列。就：接近，趨向。㉙『草木』二句：草木喜歡同類聚集在一起，禽獸喜歡群居。疇：同『儔』，類。焉：當作『居』，住。㉚質的張而弓矢至焉：箭靶一擺開，箭就朝它射過來。質，箭靶的，靶心。張，設置，擺開。醯（xī）：醋。蚋（ruì）：蚊類昆蟲。㉛所立：指所學，荀子認為，學習是為了立身。㉜風雨興焉：堆積土石成為高山，風雨自然會興起。比喻學習只要積少成多，就會收到功效。下兩句意同。㉝『積善』三句：積累善行成就高尚德行，智慧就在你心中，人變得聰明睿智，自

然就会成贤成圣。善…善行。德…品德，德行。神明…指高度的智慧。㉞跬(kuǐ)步…一举足的距离，半步。颐，同"跬"。㉟骐骥…千里马，骏马。㊱"驽马"二句…劣马行十日，原因就在于中途不停顿。驽马…劣马。十驾…十日之程。舍…弃，停止。㊲"锲(qiè)而舍之"四句…如果在雕刻时半途而废，朽木也难弄断，如果锲而不舍，金石也是可以镂空的。锲、镂…都是雕刻的意思。㊳螾…同"蚓"，蚯蚓。㊴"蟹八跪"四句…本作"六"，依卢文弨校改。跪…足。螯…螃蟹等节肢动物长的一对脚，形如钳子，可开合取食并自卫。鳝…同"鳝"。㊵"是故"四句…没有专注认真的精神，就难大彻大悟；没有专心致志的努力，就难功成名就。冥冥、惛惛…都是指昏暗不明的样子，这里形容对外界事物不闻不问而专心致志的样子。昭昭…明白显豁。赫赫…盛大。㊶衢道…这里指歧途。不至…不能到达目的地。不容…不会被宽容。㊷螣(téng)蛇…古书上说的一种能飞的蛇。鼫(sī)鼠…鼠五技而穷…鼫鼠，一种形似兔，专食农作物的鼠。㊸"尸鸠"六句…出自《诗经·曹风·鸤鸠》。尸鸠…即布谷鸟。淑人…善人。仪…仪容，态度。这里指向善的态度。㊹君子的行为态度专一。㊺君子结于一…指用心坚固专一。㊻"昔者"句…瓠巴鼓瑟，使得水底的鱼都跃出水面来欣赏。瓠(hù)巴…古代传说中善于鼓瑟的人。流鱼…游鱼。㊼"伯牙"句…伯牙鼓琴时，能使正在吃草的马仰首倾听。伯牙…古代传说中善于鼓琴的人。六马…古代天子驾车有六匹马。仰秣…吃草时仰头倾听。秣，饲料。㊽"故声"二句…因此声音不论多么细小，都会被听到，行为不论多么隐秘，都会显现出来。比喻学必为人知，必有所用。形…显形。㊾"为善"二句…做善事坚持了吗？(如果坚持下去了，)哪有而不被人称颂的道理呢？邪…同"耶"。㊿恶(wū)乎始…从哪里开始。恶，即"乌"，何，哪

古文觀止

卷四 戰國文

里。㊾数⋯⋯术。指治学方法、途径、步骤。经⋯⋯指《诗》、《书》之类。礼⋯⋯指典章礼制之类。㊿『其义』二句⋯⋯学习的意义，始于『为士』，终于『为圣人』。也就是说学习的目的在于修身。义⋯⋯意义，目的。㉛『真积』二句⋯⋯如果真诚地积累，长期努力实践，就会深入而有所得，学习要一直到死才停止。真⋯⋯真诚。积⋯⋯积累。力⋯⋯力行。久⋯⋯持久。入⋯⋯深入。没⋯⋯同『殁』，死。㉜『故学数』二句⋯⋯因此，学习的方法、步骤可以说是有限的，而学习的意义是片刻也不能疏忽的。舍⋯⋯这里意为疏忽。㉝『故《书》者』二句⋯⋯所以，《尚书》是古代政事的记载。纪⋯⋯记载。㉞『《诗》者』二句⋯⋯《诗》是中和之声的寄托所在。中声⋯⋯中和之声，即雅正醇美的乐调。止⋯⋯居，存。㉟『《礼》者』三句⋯⋯《礼》是礼制法令的总的原则和各种条例的准绳。法⋯⋯指礼制、法律、政令。大分（fēn）⋯⋯大的原则。类⋯⋯指各种条例、规定。纲纪⋯⋯准绳。㊱敬文⋯⋯敬，指礼的恭敬态度。文，指礼的仪节等级。㊲箸⋯⋯存。布乎四体⋯⋯充满全身。布，分布。四体⋯⋯四肢。形乎动静⋯⋯体现在一举一动中。形⋯⋯体现。动静⋯⋯举止。㊳『端而言』三句⋯⋯君子最微小的言行，都可成为别人效法的对象。端（chuǎn）⋯⋯同『喘』，微言。蝡（ruǎn）⋯⋯微动。一⋯⋯全，都。㊴『小人之学』毕矣⋯⋯天地之间学问的精华全包括在上述几部书中了。相传孔子作《春秋》，于体例和叙述中寄寓褒贬劝惩，后人称之为『微言大义』。微，隐微。《春秋》之微⋯⋯指《春秋》的『微言大义』。五句⋯⋯小人做学问，耳朵进去，嘴里出来，嘴巴和耳朵之间，不过四寸的距离而已，怎么可以使他的七尺之躯完善呢？则⋯⋯才，仅。曷⋯⋯何。㊵为己⋯⋯为修养己身。为人⋯⋯指炫耀学问，取悦于人。㊶『小人之学』二句⋯⋯小人只是把学问当做取悦于人或供自己玩好的东西。禽犊⋯⋯古人见面时呈献的礼物，如雁、羔、雉等。㊷傲⋯⋯躁。《论语・季氏》⋯⋯『言未及之而言谓之躁。』噆（zǎn）⋯⋯形容说话繁碎絮叨。㊸如嚮⋯⋯如同回声。指回答别人，别人问一句就答一句，不多不少。嚮，同『响』。 ㉔近：接近，亲近。其人：指贤师。 ㉕但论先王故事而不委曲切近于人。约而不速：杨倞注：『文义隐约，褒贬难明，不能使人速晓其意也。』速，迅速了解。 ㉖方：同『仿』。其人：指良师益友。前一『之』字作『而』解。尊养成高贵品质。遍：指获得广泛的知识。周于世：合于当世之用。 ㉗学之经：学习的途径。好(hào)其人：指对某人崇拜倾慕，心悦诚服。隆礼：重视礼法，用它来约束自己。 ㉘安：则。特：但，只不过。学杂识志：意为学习百家的学说，杂记的书。顺《诗》、《书》：解释《诗》、《书》。顺，通『训』。 ㉙末世穷年：指一生到老。末世，没世，死，穷年，终年，老死。 ㉚『将原先王』三句：将要追溯先王之源，探究仁义之本，从礼入手是其正确的途径。原：追溯本源。本：探求根本。经纬蹊径：纲纪和道路。经纬(wěi)直线和横线，此指纲纪；蹊径，小路，此泛指道路。 ㉛『若挈裘领』三句：就好像提起皮袍的领子，屈曲五指去梳理它，上面的毛就全都理顺了。挈(qiè)：提起。诎(qū)：同『屈』。顿：引，这里引申为梳理。 ㉜道：由。礼宪：礼法。以指测河：用手指去测量河的深浅。以戈舂(chōng)黍：用锋利的兵器去捣米。戈，古代一种极锋利的兵器。舂，把谷类的皮去掉。黍，黍子，这里指粮食。以锥飡壶：用锥到壶中去取食。飡，同『餐』，壶，一种盛食物的器具。 ㉝法士：谨守礼法之士。 ㉞察辩：明察善辩。 ㉟问楛：杨倞注：『谓所问非礼也。』楛(kǔ)，同『苦』，指器物粗劣。 ㊱争气：指意气用事，没有理却喜欢争辩。 ㊲由其道至：依照礼法而来。散儒：散诞不拘，不守礼法的儒生。与『法士』对文。 ㊳道之方：道的方向，大旨。辞顺：指言辞谦虚。道之理：道的具体内容，原理。色从：态度诚恳，显出心悦诚服的表

古文觀止

卷四 战国文

一二五

情。道之致：道的极致。⑦赘：本指盲人，这里指盲目行事。⑧谨顺其身：谨慎地根据问学者的态度，来确定是否可与言，做到恰到好处地为人处世。身，指人。⑧『匪交』二句：不急切不舒缓的人，是天子所赞许的。匪交，通『绞』，急切。舒：舒缓。予：通『与（yǔ）』，赞许。⑧『千里』二句：行千里路，差半步没有到达终点，就算不上善于学习。伦：理，指礼法。⑧『学也者』二句：求学，就要坚持不懈，专心致志。固：坚持。一：专一。⑧『一出焉』三句：一时中止，一时继续，这就是一般的人。涂巷之人：普通人。涂，同『途』。⑧盗跖：传说中的古代大盗。⑧诵数（shǔ）：诵说，反复诵读。数，数说，与『诵』义近。贯：贯通，连贯。⑧『及至』五句：等到对学问的爱好达到极点后，就像眼睛爱好五色，耳朵爱好五声，嘴巴爱好五味，心中贪图占有天下那样自然。致：极，极点。目好之五色：相当于『目之好五色』。五色，五种正色，指青、赤、白、黑、黄。五声：本指宫、商、角、徵（zhǐ）、羽五种声音。这里泛指优美的乐声。五味：指酸、甜、苦、辣、咸五种味道。这里泛指调和众人的口味而成的美味食品。⑨权利不能倾：权势和利益都无法改变他的意志。天下不能荡：天下虽大，也无法使他动摇。荡，动摇。⑨生乎由是：相当于『生由乎是』。由，遵循。是，指学问。德操：有德而能操持。德，道德修养。操，操守，操持。⑨操：把握，保持。定：内心坚定不移。应：应物，应付外界的变化。⑨『天见』三句：天以明为贵，地以广为贵，君子之学以全为贵。光：通『广』。

五蠹

韩非

作者简介

韩非(约前280~前233),战国晚期著名思想家、散文家。出身韩国贵族,早年与李斯一同师事荀子。曾上书谏韩王变法图强,不被采用,于是发愤著书。书成,传到秦国,秦王嬴政(即秦始皇)读后大加赞赏,随即被召入秦。后受李斯陷害,死于狱中。在哲学上,他继承并发扬了荀子的唯物主义思想,尊奉历史进化论,反对儒墨『法先王』的主张,又融合并发展申不害、商鞅等早期法家学说,建立起了完整的法家思想体系。在政治上,他提出君主应以法(实行严刑峻法)、术(驾驭臣民的权术)、势(君主的地位和权力)为施政要领,主张奖励耕战,富国强兵,打击文学游说之士,反对仁义礼乐与世卿世禄制度。这对建立新兴地主阶级的政权起到了推动作用,有其进步意义;但也为封建专制统治提供了理论依据,产生过不良影响。《韩非子》是韩非主要著作的辑录,共有文章五十五篇,十余万字。大部分是他本人所撰,也有少数为后人所增益。里面的文章,风格严峻峭刻,干脆犀利,分析问题深刻透辟,能切中要害,又直言不讳,锋芒毕露。里面保存了丰富的寓言故事,富于形象性,在先秦诸子散文中独树一帜。总体上说,《韩非子》代表了先秦论说文的最高成就。

原文

上古之世,人民少而禽兽众;人民不胜禽兽虫蛇。①有圣人作,构木为巢,以避群害,而民悦之,使王天下,号之曰有巢氏。②民食果蓏蚌蛤,腥臊恶臭,而伤害腹胃,民多疾病。③有圣人作,钻燧取火以化腥

古文觀止 卷四 戰國文

臊，而民悅之，使王天下，號之曰燧人氏。④中古之世，天下大水，而鯀、禹決瀆。⑤近古之世，桀、紂暴亂，而湯、武征伐。⑥今有構木鑽燧於夏后氏之世者，必為鯀、禹笑矣；⑦有決瀆於殷、周之世者，必為湯、武笑矣。然則今有美堯、舜、鯀、禹、湯、武之道於當今之世者，必為新聖笑矣。⑧是以聖人不期修古，不法常可；⑨論世之事，因為之備。⑩

宋人有耕田者，田中有株，兔走觸株，折頸而死；因釋其耒而守株，冀復得兔。兔不可復得，而身為宋國笑。今欲以先王之政，治當世之民，皆守株之類也。

古者丈夫不耕，草木之實足食也；婦人不織，禽獸之皮足衣也。⑪不事力而養足，人民少而財有餘，故民不爭。⑫是以厚賞不行，重罰不用，而民自治。⑬今人有五子不為多，子又有五子，大父未死而有二十五孫。⑭是以人民眾而貨財寡，事力勞而供養薄，故民爭。⑯雖倍賞累罰而不免於亂。⑰

堯之王天下也，茅茨不翦，采椽不斲；⑱糲粢之食，藜藿之羹；⑲冬日麑裘，夏日葛衣：⑳雖監門之服養，不虧於此矣。㉑禹之王天下也，身執耒臿以為民先，股無完胈，脛不生毛，雖臣虜之勞，不苦於此矣。㉒以是言之，夫古之讓天子者，是去監門之養而離臣虜之勞也，故傳天下而不足多也。㉓今之縣令，一日身死，子孫累世絜駕，故人重之。㉔是以人之於讓也，輕辭古之天子，難去今之縣令者，薄厚之實異也。㉕夫山居而谷汲者，膢臘而相遺以水；澤居苦水者，買庸而決竇。㉖故飢歲之春，幼弟不饟；穰歲之秋，疏客必食。㉗非疏骨肉，愛過客也，多少之實異也。㉘是以古之易財，非仁也，財多也；今之爭奪，非鄙也，財寡也。㉙輕辭天子，非高也，勢薄也；㉚重爭士橐，非下也，權重也。㉛故聖人議多少、論薄厚為之政。㉝故罰薄不為慈，誅嚴不為戾，稱俗而行也。㉟故事因於世，而備適於事。㊱

一二八

古者文王处丰、镐之间，地方百里，行仁义而怀西戎，遂王天下。徐偃王处汉东，地方五百里，行仁义，割地而朝者三十有六国；荆文王恐其害己也，举兵伐徐，遂灭之。故文王行仁义而王天下，偃王行仁义而丧其国，是仁义用于古而不用于今也。故曰：世异则事异。当舜之时，有苗不服；禹将伐之，舜曰：『不可。上德不厚而行武，非道也。』乃修教三年，执干戚舞，有苗乃服。共工之战，铁铦短者及乎敌，铠甲不坚者伤乎体，是干戚用于古不用于今也。故曰：事异则备变。上古竞于道德，中世逐于智谋，当今争于气力。齐将攻鲁，鲁使子贡说之。齐人曰：『子言非不辩也，吾所欲者土地也，非斯言所谓也。』遂举兵伐鲁，去门十里以为界。故偃王仁义而徐亡，子贡辩智而鲁削。以是言之，夫仁义辩智，非所以持国也。去偃王之仁，息子贡之智，循徐、鲁之力，使敌万乘，则齐、荆之欲不得行于二国矣。

选自《韩非子》

注释

① 『上古』句：上古时代。世：时代。『人民不胜』句：人民难以承受禽兽虫蛇的侵害。胜（shēng）：承受，负担。② 作：兴起。悦：喜爱，拥戴。王（wǎng）：称王。有巢氏：古代传说中构木为巢而居的创始者。③ 果：指木本植物的果实如梨枣类。蓏（luǒ）：草本植物的果实如瓜类。蚌蛤（gé）：指河蚌蛤蜊等水产的软体动物，肉可食。④ 燧（suì）：用来钻火的木。燧人氏：古代传说中发明钻木取火的人。⑤『中古』句：中古时代。相当于原始社会的氏族公社时代。鲧（gǔn）：禹的父亲，曾用『堙』的方法治理洪水。决……疏导，开通。渎：独流入海的河流。决渎，指疏通河道，使之入海。⑥『近古』句：近古时代。相当于奴隶

古文觀止 卷四 战国文

一二九

古文觀止 卷四 戰國文

⑦今：如果，假如。夏后氏：指夏禹。⑧堯、舜、鯀、禹、湯、武，本作「堯舜湯武禹」。新聖：新時代的聖人。⑨修古：按照古代的方法進行治理。修，治。法：效法。常可：永久可行的法則，指舊制度。常，永久。⑩「論世」二句：研究當時的具體情況，從而採取各種恰當的措施。論：研究。備：准備，這裡指採取各種措施。⑪株：把樹砍了後留下的斷樹根，即樹樁。釋：放下。耒（lěi）：耕田的農具。⑫丈夫：指成年男性。婦人：指成年女性。⑬「不事力」句：不需要勤勉勞作而生活資料充足。養：供養，指各種生活資料。⑭自治：自然太平無事。⑮大父：指祖父。⑯勞：勞苦。薄：少。⑰倍賞累罰：加倍賞賜，重重刑罰。⑱「茅茨」二句：堯住的屋子很簡陋，用茅草覆蓋的屋頂不加修剪，用柞木或櫟木做的椽子也不加雕飾。茨：用草覆蓋屋頂。翦：指修剪整齊。采：柞木或櫟木。斲：指雕刻紋飾。⑲「糲粢」二句：堯的飲食很是粗劣，不過是粗米飯和野菜羹而已。糲（lì）：粗米。粢（zī）：穀類。藜：草名，其嫩葉可食。藿：豆葉。⑳「冬日」二句：堯的衣着很樸素，冬天穿鹿皮衣，夏天穿麻布衣。麑：幼鹿。葛：麻布。㉑「雖監門」二句：即便是守門人的生活也不會比這更差。雖：即使，即便。監門：守門人。服：衣服。養：指食物。虧：少，差。㉒「身執」句：親自拿着耒耜勞動，給百姓帶頭。臿（chā）：一種築牆工具。股：大腿。胈（bá）：大腿上的小毛。脛：指小腿。脡：指奴隸。臣，奴僕。㉓「故傳」句：所以把天下傳給別人也不值得稱道。足：值得。多：贊美。㉔累世：連續數代。㉕輕辭古之天子：輕易地辭去古代的天子之位。薄：系，束。絜駕，把馬套在車上。這裡指乘車。㉖膄（lòu）：農曆二月楚國祭飲食神的節日。臘：冬季祭百神的節日，最初在十月，秦時改在十二月。遺（wèi）：饋贈。㉗買庸而決竇：花錢雇人開溝排水。庸，通「傭」，雇工。厚之實異：實際利益大小不同。

窦，指排水的沟渠。㉘饷⋯⋯饲，使之吃。㉙穰（ráng）⋯⋯岁⋯⋯丰年。食（sì）⋯⋯动词，给吃的。㉚过客⋯⋯过路的客人。㉛易财⋯⋯看轻财物。㉜『轻辞』三句⋯⋯古人轻易辞去天子之位，并不是因为品行高洁，而是由于天子的权势微薄。辞⋯⋯辞去。势⋯⋯权势。㉝『重争』三句⋯⋯今人把仕进和依附权门看得很重，为此竞相争夺，并不是他们的人品低下，而是由于当权者权势很重。士⋯⋯通『仕』，做官。橐（tuó）⋯⋯即『托』，托身，指依附权贵。㉞『故圣人』句⋯⋯所以圣人考察财物的多少，衡量权势的轻重，根据具体情况而确定施政措施。圣人⋯⋯指所谓『新圣』。议⋯⋯考察。多少⋯⋯指财物的多少。论⋯⋯这里指权衡。薄厚⋯⋯指权力的轻重。㉟称俗而行⋯⋯适合人们的习惯好尚而行事。称（chèn），适合。㊱『故事』二句⋯⋯因此情况随着时代而变化，而施政措施也要随着情况的变化而变化。备⋯⋯设施，措施。㊲丰⋯⋯周武王时迁都于此，故址在今陕西长安斗门镇一带，地处沣水东。镐（hào），周武王时的都城，故址在今陕西长安西北马王村一带，地处沣水西。㊳怀柔，指统治者用笼络、安抚等手段使其他民族或国家归顺自己。这里指感化。西戎⋯⋯感化了西戎，使之归附。西戎，当时西北方的少数民族。㊴徐偃王⋯⋯徐国国君。徐，周代国名，在今江苏省徐州一带。汉水以东⋯⋯可能当时徐国土地曾扩散到汉水以东。㊵荆文王⋯⋯即楚文王，春秋时楚国国君。㊶有苗⋯⋯即『苗』。有，语助词。或称『三苗』，是古代荆、扬一带少数民族。㊷『上德』二句⋯⋯对德教推行不够而使用武力，不是治国的正道。上德⋯⋯崇尚德教。上，同『尚』，崇尚。㊸『乃修教』三句⋯⋯于是进行德治教化三年，手执干戚起舞，从而感化了有苗并使之归附。干戚⋯⋯干，盾。戚，斧。㊹共工之战⋯⋯不详。共工，古代传说中的人物，相传为尧时水官，是『四凶』之一。『铁铦（xiān）』三句⋯⋯（在战场上杀敌）武器短就会被敌人击中，铠甲不坚固就会使身体受伤。这说明拿着干戚起舞来进行教化的办法只在古代适用不适用于

古文觀止 卷四 战国文

现代。铩：铁锸之类的武器。及：到，这里意为击中。乎：于，被。㊺事异则备变：情况改变了措施也要随之改变。㊻子贡：孔子弟子，以善辩著称。当时著名商人，曾在鲁、卫做过官。说（shuì）：以言辞说服。㊼善辩，辞令巧妙。非斯言所谓：不是你话中所说的那一套。斯，这。㊽"去门"句：（齐国侵占了鲁国的领土）在离鲁国都门十里远的地方划定了国界。去：离开。门：这里指鲁国都门。㊾所以：用来。持国：保全，维护国家。㊿循徐、鲁之力：在原来基础上发展徐、鲁两国的实力。循，遵循，顺着。敌：抵御。万乘：拥有万辆兵车的大国，指齐、楚等。

苏秦以连横说秦 《战国策》

作者简介

刘向（约前77~前6），汉楚元王交四世孙，原名更生，字子政，沛县（今属江苏）人。西汉经学家、目录学家、文学家。少即通达能文，渊懿纯粹，简易无威仪，专积思于经术，昼诵书传，夜观星宿，恒不寐达旦。宣帝时，为谏大夫。元帝时，任宗正。因反对宦官弘恭、石显下狱，旋得释。后又因反对恭、显下狱，免为庶人。成帝即位后，得进用，任光禄大夫，改名为『向』，官至中垒校尉。七十二岁卒。著有《洪范五行传论》、《列女传》、《列仙传》、《新序》、《说苑》、《战国策》等书。

《战国策》是西汉刘向于中秘藏书中发现六种记载战国纵横家说辞的写本，即《国策》、《国事》、《短长》、《事语》、《长书》、《修书》，而对其整理订正，删其重复，得三十三篇，按西周、东周、

古文觀止 卷四 戰國文

秦、齊、楚、趙、魏、韓、燕、宋、衛、中山等十二國編次，而輯成的一部書，簡稱《國策》。它是一部歷史著作，也是一部優秀的文學散文著作。它記載了戰國各諸侯國的謀臣策士們縱橫捭闔的鬥爭及有關的謀議或辭說，反映了各諸侯國二百七十年中（前490～前221）重要的政治、軍事、外交動態。它調用了多種文學藝術的創作方法，來表現這種鬥爭活動。它對歷史的研究，對文學創作的借鑒都有很高的價值。

原文

苏秦始将连横说秦惠王，①曰：『大王之国，西有巴蜀汉中之利，北有胡貉代马之用，南有巫山黔中之限，东有肴函之固。②田肥美，民殷富，战车万乘，奋击百万，沃野千里，蓄积饶多，地势形便，此所谓天府，天下之雄国也。③以大王之贤，士民之众，车骑之用，兵法之教，可以并诸侯，吞天下，称帝而治。④愿大王少留意，臣请奏其效！』⑤秦王曰：『寡人闻之：毛羽不丰满者，不可以高飞；文章不成者，不可以诛罚；道德不厚者，不可以使民；政教不顺者，不可以烦大臣。⑥今先生俨然不远千里而庭教之，愿以异日。』⑦

苏秦曰：『臣固疑大王之不能用也。⑧昔者神农伐补遂，黄帝伐涿鹿而禽蚩尤，尧伐驩兜，舜伐三苗，禹伐共工，汤伐有夏，文王伐崇，武王伐纣，齐桓任战而霸天下。⑨由此观之，恶有不战者乎？⑩古者使车毂击驰，言语相结，天下为一，⑪约从连横，兵革不藏，文士并饬，诸侯乱惑，万端俱起，不可胜理。⑫科条既备，民多伪态，书策稠浊，百姓不足，上下相愁，民无所聊。⑬明言章理，兵甲愈起，辩言伟服，战攻不息，⑭繁称文辞，天下不治；舌敝耳聋，不见成功；⑮行义约信，天下不亲。⑯于是乃废文任武，厚养死士，缀甲厉兵，效胜于战场。⑰夫徒处而致利，安坐而广地，虽古五帝、三王、五霸，明主贤君，常欲坐而致

之，其势不能，故以战续之。⑱宽则两军相攻，迫则杖戟相撞，然后可建大功。⑲是故兵胜于外，义强于内，威立于上，民服于下。⑳今欲并天下，凌万乘，诎敌国，制海内，子元元，臣诸侯，非兵不可。㉑今之嗣主，忽于至道，皆惛于教，乱于治，迷于言，惑于语，沉于辩，溺于辞。㉒以此论之，王固不能行也。」㉓

说秦王书十上，而说不行。㉔黑貂之裘敝，黄金百斤尽，资用乏绝，去秦而归。㉕嬴縢履蹻，负书担囊，形容枯槁，面目犁黑，状有愧色。㉖归至家，妻不下纴，嫂不为炊，父母不与言。㉗苏秦喟然叹曰：「妻不以我为夫，嫂不以我为叔，父母不以我为子，是皆秦之罪也。」㉘乃夜发书，陈箧数十，得《太公阴符》之谋，伏而诵之，简练以为揣摩。㉙读书欲睡，引锥自刺其股，血流至足。㉚曰：「安有说人主不能出其金玉锦绣，取卿相之尊者乎？」㉛期年，揣摩成，曰：「此真可以说当世之君矣。」㉜

于是乃摩燕、乌集阙，见说赵王于华屋之下，抵掌而谈。㉝赵王大说，封为武安君，受相印。㉞革车百乘，锦绣千纯，白璧百双，黄金万镒，以随其后。㉟约从散横，以抑强秦，故苏秦相于赵而关不通。㊱

当此之时，天下之大，万民之众，王侯之威，谋臣之权，皆欲决于苏秦之策。㊲不费斗粮，未烦一兵，未战一士，未绝一弦，未折一矢，诸侯相亲，贤于兄弟。㊳夫贤人任而天下服，一人用而天下从。故曰：『式于政，不式于勇；式于廊庙之内，不式于四境之外。』㊴当秦之隆，黄金万镒为用，转毂连骑，炫熿于道。山东之国，从风而服，使赵大重。㊵且夫苏秦，特穷巷掘门、桑户棬枢之士耳，伏轼撙衔，横历天下，庭说诸侯之主，杜左右之口，天下莫之伉。㊶

将说楚王，路过洛阳。㊷父母闻之，清宫除道，张乐设饮，郊迎三十里；妻侧目而视，侧耳而听；嫂蛇行匍伏，四拜自跪而谢。㊸苏秦曰：「嫂！何前倨而后卑也？」㊹嫂曰：「以季子位尊而多金。」㊺苏秦曰：

"嗟乎！贫穷则父母不子，富贵则亲戚畏惧，人生世上，势位富厚，盖可以忽乎哉？"

选自《战国策·秦策》㊻

注释

①始：最初，一开始。将：拿，用。②巴：今四川东部、重庆一带。蜀：在今四川西部。汉中：今陕西南部。利：利益，好处。胡貉（hé）：胡，指匈奴族，当时居住在山西北部一带，其地产貉。貉，兽名，形似狸，其皮可制裘。代：地名，在今山西代县一带，其特产马。用：资财，这里指资产。巫山：山名，在今重庆巫山县。黔中：地名，在今湖南沅陵西。限：险阻。殽（xiáo）函：地名，殽山和函谷关，在今河南洛宁西北。函谷关，在今河南灵宝西南。固：坚固。③肥：肥沃富饶。饶（ráo）：富，多。地势便利：地理形势便于攻守。此所谓……也：这就是所称为的……。所谓，所称为的。也，表判断语气。天府：自然条件优越，地形险固，物产富饶之地。府，古代国家收藏文书或财物的地方。雄国：杰出的国家。④以：凭借。贤：德才兼备的人。士民：士子和庶民。士子，指学道艺或习武的人，地位在庶民之上。庶民，平民百姓。车骑：与上文的"战车"同，即兵车，一般兵车之上，御者居中，左右各一人持弓矛。骑（jì），一人一马为骑，指骑马的士兵。车骑并举，指军队。用：任用，这里有听命效力的意思。兵法：用兵作战的策略和方法。教：教育，教养，训练。可以：这里与现代的"可以"意思相同。并：兼并。吞：吞灭，统一。帝：本义为神，又称天帝。战国时代，各国君主都称王，但较强的国君，有自称帝号，企图统一治理天下。而⑤愿：希望。少（shǎo）：稍微。留意：留心，注意。请：请允许我……。奏：向君主进言或上书。来。

卷四 战国文

一三五

古文觀止 卷四 戰國文

其：代詞，可譯為『這樣做』。即憑自己的優勢兼并諸侯，統一天下。效：功效，效果。⑥寡人：古代國君對自己的謙稱。聞之：之，代詞，指下文的四種說法。『毛羽』二句：比喻秦國的國力還不強，不能對外發動戰爭。文章：法令。成：完備。誅：責問。這裡引申為懲罰。罪：罪惡，犯法的行為。厚：厚重。使：驅使。政教：政治教化。順：順理。煩：煩勞，麻煩。者：連用的四個『者』字，與它前邊的詞語組成名詞性短語，表示『⋯⋯的事物』。這裡依次表示『⋯⋯的鳥』、『⋯⋯的時候』、『⋯⋯的人』、『⋯⋯的官員』、『⋯⋯的時候』。四個『可』，均為能願動詞，可以，能。四個『以』均為介詞『用』，其後均省略『之』。『之』所指代的對象，隨上文『者』字所稱代的對象的變化而變化。⑦先生⋯⋯這裡是尊稱蘇秦。儼（yǎn）然：莊嚴恭敬的樣子。之：代詞，指我『并諸侯，吞天下，稱帝而治』的道理。以⋯⋯把⋯⋯異日：推遲到將來，日後（再議論吧）。⑧固：本來。用：採用。大王之不能用⋯⋯之，結構助詞，取消句子獨立性，無實義。也：語氣助詞，表判斷。⑨昔者：過去。『者』字放在時間名詞之後，起語助作用，不譯。庭：到朝廷上。教：教育，教導。之：代詞，指教我『并諸侯，吞天下，稱帝而治』的道理。

神農：即炎帝。傳說中的古代帝王，農業和醫藥的發明者。黃帝：即軒轅氏，傳說中的古代帝王。涿鹿：在今河北涿鹿南。而：連詞，可譯為『並且，而且』。禽：通『擒』。蚩尤：古代部落首領，非常暴虐，後為黃帝所殺。堯：即陶唐氏，古代賢君。驩兜（huāndōu）：堯時的臣子，極其凶殘，被堯放逐于崇山。舜（shùn）：即有虞氏，傳說中的古代賢君。三苗：古代國君，在今湖北武昌、湖南岳陽、江西九江一帶。禹：夏朝第一位君王，因治理洪水有功而著名。共工：原為水官名，世代以官為氏，稱共工氏。舜時共工氏與驩兜、三苗、鯀，稱為『四凶』，後遭流放。湯：商朝的開國君主。有夏：即夏代，這裡

古文觀止 卷四 戰國文 一三七

指夏末的君主桀。文王：周武王的父親。商紂時為西北諸侯之長。崇：商紂時的國名，在今陝西戶縣東。武王：周朝的開國君主。紂：商末的暴君。齊桓：指齊桓公，春秋五霸之一。任：用。戰：戰爭。而：因而。霸天下：在天下稱霸。⑩由此觀之：從以上種種史實來看。此，代詞，指上文的種種史實。之，這裡代指兼并天下的道理。惡(wū)：哪裡，怎麼，和後邊的『乎』照應，表反詰語氣。不戰者乎：(哪裡有)不用戰爭的嗎？⑪古者：古代。者，放在時間詞之後，起語助作用，無實義。使：各國的使者。馳：各國使者的車在路上奔馳。車轂，本指車輪中的圓洞，可以插軸的部件。這裡指車轂。言語相結：各國使者用談判互相締結互相撞擊，奔馳，形容路上車輛多，從而說明各國使者來往之頻繁。約。言語，指面對面的談判。相結，互相締結(盟約)。天下為(wéi)一：天下成為一個整體。為，形成。⑫約從連橫：(後來，有的諸侯國)約定合縱，(有的)約定連橫。兵，武器。革，泛指軍事裝備。文士並飭：文人辯士都以花言巧語進行游說。飭，通『飾』，指修飾文辭諸侯亂惑：(使)各諸侯國昏亂疑惑。萬端俱起：(於是)各國之間的矛盾都產生了。⑬科條既備：法令法規已經完備。既，已經。民多偽態：指民眾不守信用，大多虛作應付。偽，虛假。書策稠濁：形容書籍多而雜亂。策，成編的竹簡。書策：書策。稠，形容多而密；濁，雜亂。百姓不足：百姓的衣食卻達不到溫飽。上下相愁：聊：全國上下互相憂慮、發愁，百姓生活無依無靠，一片淒慘。聊，依賴，依靠。⑭明言章理：明著之言，彰顯之理。兵甲愈起：兵甲，指代戰爭。以上兩句意思是越講那些冠冕堂皇的道理，戰爭發生得就越多。辯言偉服：辯言，巧辯的話；偉服，儒者的盛裝。戰攻不息：戰爭攻打不停。這兩句意為穿盛裝的儒者，巧辯的话说得越多，战争越是攻伐个不停。⑮繁称文辞，天下不治：越搞繁杂的称颂和言辞华美的说教，天下就越得不到太平。繁，繁杂；称，称赞，称颂；文，华美，辞，言辞；治，大治，太平。舌敝耳聋，不见成功：花言巧语的舌头都说得僵硬了，听的人耳朵也被震聋了，却不见有什么功效。敝，疲惫，衰败，意译为『僵硬』。⑯行义约信，天下不亲：做仁义的事情，用诚信来缔结盟约。（但）天下人仍不相亲。约信，以信为约，即以诚信缔结盟约。⑰于是：在这种情况下。是，这。乃，于是，就。废文任武：废弃文治，采用武备。文，指文治；任，采用。死士：指不怕死的勇士。缀甲厉兵，缀连铠甲，磨砺兵器。厉，通『砺』，磨砺。效：效力，效劳。胜：决胜。于战场：在战场上效力决胜。⑱夫（fú）：句首语气词，表示将发议论。徒处（chǔ）：白白地待着，什么也不做。处，停留或居住，引申为处于，处在。而：同此。致：得到。安：安逸。广地：扩大土地。虽：即使。五帝：传说中上古的五个帝王：黄帝、颛顼（zhuān xū）、帝喾（kù）、唐尧、虞舜。三王：夏禹、商汤、周文王。五霸：春秋时先后称霸的五个诸侯：齐桓公、晋文公、宋襄公、秦穆公、楚庄王。明主贤君：贤明的君主。常欲坐而致之：而，却。之，代杖，挥动戟。撞，搏击。然后：可译为『这样以后，才……』。功：功业。⑳是故：因此。兵胜于外：兵士治。⑲宽：相距远。迫：相距近。杖戟（jǐ）：相撞：杖，泛指棍棒；戟，古代的一种兵器。杖戟，意为拿着在外打胜仗。义强（qiáng）于内：（君主）在国内加强施行仁义。强，加强。威立于上，民服于下：君主在上树立起了威望，黎民百姓在下服从。㉑凌万乘（shèng）：压倒拥有兵车的敌国。凌，侵犯，欺侮。乘，一车四马为一乘。万乘，引申为帝位，这里指敌国。诎（qū）：同『屈』，使……屈服。制：控制，统治。海

内：指整个中国。子：以……为子，这里可译为把百姓当儿子一样看待。元元：指百姓。臣：使诸侯称臣。

非兵不可：不用战争，就达不到目的。㉒嗣（sì）主：继承王位而做君主的。忽于至道：忽略了用武的最好的道理。忽，忽略，不重视。至道，极好的道理。皆：都。引领以下七个短语。惛（hūn）于教：被『辩言』者的说教搞得稀里糊涂。惛，糊涂。教，教育，这里指『辩言』者的说教。乱于治：国家被治理得混乱不堪。迷于言：被『辩言』者的花言巧语所迷乱蛊惑。沉于辩，溺于辞：沉溺在巧辩辞令之中。㉓以此论之：按照『嗣主』的思想行为来评论您的话。以，按照，根据。此，代指『嗣主』的『忽』、『惛』等思想行为。固，本来。行，施行，执行。之，代指秦惠王说的话。㉔说秦王书十上，而说不行：两个『说』字皆读『shuì』，缠绕。书十上，上书（奏章）十次。而，可是，却。行，实行，游说的主张行秦惠王却不实行（采纳）。㉕裘（qiú）敝：皮衣穿破。资用乏绝：资，费用。『资用』为同义复词，这里指费用。乏绝，缺少，绝，断绝。去秦而归：离开就回家去了。去，离开。而，就。归，返回。㉖嬴（léi）：同『缧』，缠绕。縢（téng）：裹腿布。履（lǚ）：踏，踩，这里意为穿。蹻（juē）：草鞋。负书担囊：背着书，挑着包裹。囊，行囊，即出门时所带的袋子或包儿。形容枯槁：形体容貌，憔悴干瘪。黧（lí）：一种黑中带黄的颜色。状：形状、样子。愧色：惭愧的表情。㉗纴（rèn）：泛指纺织，这里指织布机。色。㉗纴（rèn）：泛指纺织，这里指织布机。布机上下来。为（wèi）：介词，给。省略的『之』字是代词，指苏秦。炊，做饭。与言：与之言。㉘『以……为（wéi）』……把……当作……。叔：丈夫的弟弟，俗称小叔子。是：这。秦：苏秦。也：表判断语气。㉙乃夜发书，陈箧（qiè）数十：于是在夜里打开

古文觀止

卷四 戰國文

一三九

古文觀止 卷四 戰國文

雪中歸牧圖 宋·李迪

此圖描繪白雪皚皚的寒冬，牧牛人帶著獵物歸家的情景。牧牛人蜷縮着身子以禦寒風，人與牛的動態準確生動，樹石山坡的筆墨變化微妙，設色也雅潤柔和。雖為小品，但很好地表現出雪後空疏靜謐的景色。

書籍，陳列出書箱中的幾十種書。夜，在夜裏。發，打開。「書」與「篋」前後互文，共稱書箱。太公：姜太公，名望，智勇雙全，輔助周文王滅商有功，封于齊，為齊國始祖。陰符：兵法書名。指《太公陰符》。簡練以為（wéi）揣摩：精讀熟記，並且作深入的探求鑽研。簡，選擇（精要）；練，（反復）練習；以，而且，並且；為，作；揣摩，反復思考推求。

㉚引：取過來。股：大腿。「出其……」：人主：君主。

㉛安有…：哪裏有。說：游說，勸說。出，這裏意為使他拿出。使他拿出黄金、美玉、錦緞。卿相之尊者乎：公卿宰相這些尊貴地位的人呢？者，這裏意為「……的人」。㉜期（jī）年：一周年，一整年。期，滿。揣摩到。卿相之尊者乎：公卿宰相這些尊貴地位的人矣……這回真的可以用它來游說當代的君主了。可以，意為可以用來，與今義不同。㉝摩燕、烏集闕：走近名叫燕和烏集的兩個宮闕。摩，迫近，這裏意為到達，走近。燕、烏集，古代兩個宮闕的名字。集，群鳥停在樹上。引申為停留。闕，古代王宮前的高建築物，通常左右各一。見說：會見游説。趙王：趙肅

侯。华屋：华丽堂皇的屋子。抵掌：击掌，比喻会谈时，兴奋融洽的情状。而：连词，表修饰关系。㉞大说(yuè)：非常高兴，说，通『悦』。武安：地名，今河南武安。受相印：授予(苏秦)国相的封印。㉟革车：兵车。纯(tún)：古代量词，相当于今天的『匹』。镒(yì)：古代重量单位。二十或二十四两为一镒。以随其后：用这些东西跟随在苏秦之后(去游说东方各诸侯国)。㊱约从：联合东方的南北六国。约，联合。从，通『纵』，指南北。散(sǎn)横：解散西方的秦国和东方六国的联盟。散，离散，解散。以抑强秦：因而抑制了强大的秦国。故：所以。苏秦相于赵：苏秦在赵国为相。而关不通：因此函谷关的交通断绝了。而，因此。㊲当此之时：在这个时候。欲决：要取决。策：计策。㊳未烦一兵，未折一矢(shǐ)：烦劳。未绝一弦：绝，断。弦，弓弦。未折一矢：烦劳。未战一士：使一将士领兵打过仗。战，使……打仗。贤于兄弟：胜过兄弟。贤，胜过。㊴夫：句首语气词，表示将发议论。贤人任：任用有德有才的人。而：于是，就。服：服从，归服。式于政：使天下服从，要运用政治手段。式，用。这里指朝廷。四境：四方疆界。力。廊庙：君主祭祀祖宗称庙，其旁为廊，也是古代商讨国家大事的地方。㊵当秦之隆：当苏秦隆盛得意的时候。隆，隆盛。为(wèi)用：供(他)使用。转毂(gǔ)连骑(jì)：转动车轮(来来往往)，骑马的随从接连不断。这句话是形容苏秦的显赫，车辆来往的频繁，随从人员众多。炫熿(xuàn huáng)于道：在道路上光辉耀眼地炫耀自己。熿，同『煌』。山东：华山以东。从风而服：像顺从风那样地迅速服从。大重：大大地受到尊重。㊶且夫：再说。特：仅仅，不过是。穷巷掘门：贫穷的胡同。掘门，即窑洞，掘通『窟』，指寒窑。桑户棬枢(quān shū)：桑户，以桑木板为门户。棬枢，揉曲树枝条的那样地迅速服从。大重：大大地受到尊重。门枢。之士：这类读书人罢了。之，这。士，指读书人。伏轼(shì)撙(zūn)衔：伏在车前的横木上，拉

古文觀止

卷四 戰國文

鄒忌諷齊王納諫①

《戰國策》

原文

鄒忌修八尺有餘，而形貌昳麗。②朝服衣冠，窺鏡，謂其妻曰：「我孰與城北徐公美？」③其妻曰：「君

着馬的勒頭。形容蘇秦乘車出遊時得意的神態。軾，古代車前當扶手的橫木；樽，勒住，銜，馬具，用青銅或鐵製成，放在馬口裏，用來勒馬。橫歷：周遊四方。庭說諸侯之主：到朝廷上遊說諸侯國的國君。庭，在朝廷上。杜左右之口：（用他那雄辯的言辭，奇妙的謀略）堵塞了（反對他的主張的）左右人的口。杜，堵塞。莫之伉（kàng）：沒有哪個人抵得過他。莫，沒有誰，沒有哪一個。之，這裏指蘇秦。伉，同「抗」，對等，匹敵。㊷將說（shuì）楚王：準備去遊說楚王。將，將要。㊸清宫除道：打掃房屋使之乾淨，修整街道。張樂（yuè）：施奏音樂。張，樂器上弦，引申為施奏或演奏。設飲：擺設美酒。郊迎三十里：（到）城郊三十里外迎接。側目：不敢正眼看他。側耳：不敢正耳聽他講話。蛇行匍伏：像蛇爬行那樣（伏地爬行）。蛇行，像蛇一樣爬行。匍狀，同「匍匐」。四拜：連拜四次。拜，一種表示恭敬的禮節。跪而謝：跪着謝罪。㊹何前倨而後卑也：為什麼先前傲慢，現在卻這樣謙卑呢？而，卻。㊺「以……而……」「因為……而又……」㊻嗟（jiē）乎：嗟、乎連用均表感嘆，相當於現代漢語的「唉」。「……則……，……則……」都譯為「就是」，兩個分詞之間是並列關係。不子：不把他當兒子。勢位富厚：勢力大，地位高，財富多。蓋（hé）可以忽乎哉：蓋，何，怎麼，忽乎，忽視，不重視，哉，語氣詞，表反問，譯為「呢」。

古文觀止 卷四·戰國文

美甚，徐公何能及君也！」城北徐公，齐国之美丽者也。⑤忌不自信，而复问其妾曰：「吾孰与徐公美？」妾曰：「徐公何能及君也？」⑥旦日，客从外来，与坐谈，问之：「吾与徐公孰美？」⑦客曰：「徐公不若君之美也。」⑧明日，徐公来。孰视之，自以为不如；窥镜而自视，又弗如远甚。⑨暮寝而思之，曰：「吾妻之美我者，私我也；妾之美我者，畏我也；客之美我者，欲有求于我也。」⑩⑪

于是入朝见威王，曰：「臣诚知不如徐公美。⑫臣之妻私臣，臣之妾畏臣，臣之客欲有求于臣，皆以美于徐公。⑬今齐地方千里，百二十城，宫妇左右莫不私王，朝廷之臣莫不畏王，四境之内莫不有求于王。⑭由此观之，王之蔽甚矣！」⑮

王曰：「善。」⑯乃下令：「群臣吏民能面刺寡人之过者，受上赏；⑰上书谏寡人者，受中赏；⑱能谤讥于市朝，闻寡人之耳者，受下赏。」⑲令初下，群臣进谏，门庭若市；⑳数月之后，时时而间进；㉑期年之后，虽欲言，无可进者。㉒燕、赵、韩、魏闻之，皆朝于齐。㉓此所谓战胜于朝廷。㉔

选自《战国策·齐策》

注释

①邹忌：战国时齐人。讽：用含蓄的话暗示或劝告。齐王：指齐威王，在位期间（前356~前320）改革政治，使齐国国力逐渐增强。纳：接受，采纳。谏：规劝君主、尊长或朋友，使之改正错误。题目的意思是邹忌讽劝齐威王，齐威王接受邹忌的谏言。②修：长（cháng），这里指身高。尺：战国时的尺约合现在的23.1厘米，七寸多。有（yòu）：同「又」，连词，用在整数和零数之间，不译。而：连词，并且。形貌：

古文观止 卷四 战国文

③朝（zhāo）……朝，早晨。服，穿戴。衣冠，形体容貌。映（yì）……形容神采焕发的样子。窥（kuī）……这里指照镜子。谓……告诉，说。其，代指邹忌。我孰（shú）与城北徐公（比），谁美丽？孰与，可译为"与……比，哪一个……"。④其……代指邹忌。君……代词，您。甚……很。何……怎么。及……比得上。也……语气词，可译为"呢"。⑤为判断句。者……"的人。也……语气词，表判断。翻译这类句子时要加"是"。⑥不自信……不相信自己。而……连词，表顺接，就。复……又。妾（qiè）……指古代男子除妻之外另娶的女人。⑦旦日……第二天。旦，天亮。与坐谈……和他（客人）对坐谈话。与，介词，跟。坐谈，对坐谈话。孰……哪一个，谁。⑧不若君之美……若，如。之，无实义。⑨明日……到了第二天。⑩孰（shú）……同"熟"，仔细地。以为……认为。弗如……即"视自"，看看自己。弗，不如。远甚……（相差）很远。甚，很。⑪暮……到了晚上。寝（qǐn）……躺下睡觉。而……连词，表承接。思之……之，代词，指白天妻、妾、客的三答和亲见徐公的自视弗如远甚之事。吾妻之美我者，私我也……之，主谓之间的结构助词，不译。美我，认为我美。者，……的原因。私，偏私，偏爱。也，语气词，表判断。畏……畏惧，害怕。欲……想要。有求……有所要求。于……表对象的介词，对，向。⑫朝（cháo）……朝廷。诚……确实。⑬皆以美于徐公……都认为我比徐公美。以，认为。于，表比较的介词，译为"比"。三个"之"字均为表领属的结构助词，译为"的"。⑭地方……方圆，土地面积。宫妇左右……指王后妃子，左右随从。莫……没有谁，没有哪一个。⑮由此观之……由，介词，从。此，代上文所述的私王、畏王、求王的三种心理行为。之，代词，指君王受蒙蔽的情况。王之蔽甚矣……君王受到蒙蔽就很严重了。之，主谓之间的结构助词，不译。蔽，受蒙蔽。甚，厉害，严重。⑯善……应答之词，表示同

古文觀止 卷四 戰國文

顏斶說齊王 ①
《戰國策》

原文

齊宣王見顏斶曰："斶前！"② 斶亦曰："王前！"宣王不說。③ 左右曰："王，人君也；斶，人臣也。王曰'斶前'，斶亦曰'王前'，可乎？"對曰："夫斶前為慕勢，王前為趨士；與使斶為慕勢，不

意，肯定，可譯為'好'。⑰ 乃…於是就。群…所有的。面刺…當面指責。面，當面。者……的人。受…同'授'，後省略介詞'於'，相當'給'。⑱ 上書…呈上書信（給地位高的人寫信）。上，呈上。⑲ 謗訊…指批評議論（君王的過失）。謗，公開指責別人的過失。訊，微言諷刺。市朝…本指市場和朝廷，這裡指公共場所。聞寡人之耳者…可譯為使我聽到。聞，使……聽見。以上三個'者'字，都是代詞，代人，譯為'的'。⑳ 令初下…命令剛剛下達。初，才，剛。下，下達。㉑ 時時而間(jiàn)進…隔一段時間偶有進諫。時時，有時候。而，連詞，表修飾。間，間或，斷斷續續地。㉒ 期(jī)年…一周年，一整年。雖…即使。欲言…想說話。無可進者…(也覺得)沒有什麼可以進獻的意見了。者，代詞，指所進獻的話。㉓ 聞之…聽說齊威王納諫的事。之，代詞，這件事。朝(cháo)于齊…到齊國來朝拜。㉔ 此…這。所謂…(就是人們)所說的。'所'與'謂'組成名詞性短語，指說的(話)。戰勝于朝廷…在朝廷之上戰勝(別的國家)。

如使王为趋士。"王忿然作色曰："王者贵乎？士贵乎？"对曰："士贵耳，王者不贵！"王曰："有说乎？"曰："有。昔者秦攻齐，令曰：'有敢去柳下季垄五十步而樵采者，死不赦！'令曰：'有能得齐王头者，封万户侯，赐金千镒！'由是观之，生王之头，曾不若死士之垄也。"宣王曰："嗟乎，君子焉可侮哉！寡人自取病耳。愿请受为弟子。且颜先生与寡人游，食必太牢，出必乘车，妻子衣服丽都。"颜斶辞去，曰："夫玉生于山，制者破焉，非弗宝贵矣，然太璞不完。士生乎鄙野，推选则禄焉，非不尊遂也，然而形神不全。斶愿得归，晚食以当肉，安步以当车，无罪以当贵，清净贞正以自虞。"则再拜而辞去。

君子曰："知足矣，归真反璞，则终身不辱。"

选自《战国策·齐策》

注释

① 颜斶（chù）：齐国隐士。说（shuì）：劝说。齐王：齐宣王。② 见：召见斶。前：上前，即到我跟前来。③ 不说（yuè）：不高兴。说，通"悦"，高兴。④ 为（wéi）慕势：为，是；慕势，仰慕权势，趋炎附势。趋士：趋，快走，表示恭敬。士，有道德，有才能的人。意思是"礼贤下士"。使斶为慕势，为，做出。⑤ 忿然作色：气愤的样子。作色，脸上显出怒色。王者：君王。贵：显贵，禄位高。耳：语气词，表肯定。有说乎：说，说法见解或根据。垄：坟墓。樵采：即柳下惠，春秋著名贤士，鲁国大臣。去……五十步：走到距离……五十步（以内）的地方。樵，木柴；采，摘取，这里指砍取；者，……的人。死不赦：判死罪也不赦免。极言柳下惠贤士的显

⑥万户侯：食邑万户的侯。镒(yì)：古代以二十两为一镒。曾(céng)：竟然。⑦君子焉可侮哉：焉，哪里，怎么。侮，侮辱。自取病耳：自讨无趣啊。病，忧虑，引申为烦事，没有兴致的事。为(wéi)弟子：做学生。且：并且，而且。游：交往。太牢：一牛、一羊、一豕，三牲俱备，叫做太牢。这里指吃喝丰盛味美。丽都：华美。都，优美漂亮。⑧辞去：辞谢不受。玉：璞玉，没有经过琢磨的玉。喻天然的美质，未加修饰。制者：加工制造的工匠。破焉：把璞弄破。焉，代词『之』，指『璞』。非弗宝贵矣：(其价值)并不是不宝贵呀。然而：然而。太璞：天然的含有玉的石块。太，同『大』。不完：不完整(完好)。⑨生乎鄙野：乎，相当于『于』，在，鄙，边疆，边远的地方。就：禄，官吏的薪俸，焉，兼词，『于之』。非不尊遂(suì)也：尊，尊贵，地位高，遂，显达。然而：然而，但是。形神不全：形体和精神却不完整了。⑩愿得归：希望能够返回(故里)。『晚食』以下四句：四个『以』字，均作介词『把』。三个『当(dàng)』字，译为『当做』。晚食：饭吃得晚一些。肉：吃肉（一样）。安步：慢慢地步行。车：乘车（一样）。无罪：（不做官，则）不易犯罪。贵：显贵。自虞：虞，同『娱』，自乐。再拜：拜了两拜。而辞去：就告辞离去。⑪君子：指道德高尚的人，这里是作者借君子的话来赞美颜斶的。知足矣：懂得知足常乐的真谛了。归真反璞：指颜斶辞王而归，恢复其本来的布衣面目。归真，返回纯真的本来面目；反璞，还原本来的自然形态。则：那么。

冯谖客孟尝君① 《战国策》

原文

齐人有冯谖者，贫乏不能自存，使人属孟尝君，愿寄食门下。②孟尝君曰："客何好？"曰："客无好也。"曰："客何能？"曰："客无能也。"③孟尝君笑而受之，曰："诺。"④左右以君贱之也，食以草具。⑤

居有顷，倚柱弹其剑，歌曰："长铗归来乎！食无鱼。"⑥左右以告。孟尝君曰："食之，比门下之客。"⑦居有顷，复弹其铗，歌曰："长铗归来乎！出无车。"⑧左右皆笑之，以告。孟尝君曰："为之驾，比门下之车客。"⑨于是乘其车，揭其剑，过其友曰："孟尝君客我。"⑩后有顷，复弹其剑铗，歌曰："长铗归来乎！无以为家。"⑪左右皆恶之，以为贪而不知足。⑫孟尝君问："冯公有亲乎？"对曰："有老母。"⑬孟尝君使人给其食用，无使乏。于是冯谖不复歌。⑭

后孟尝君出记，问门下诸客："谁习计会，能为文收责于薛者乎？"冯谖署曰："能。"⑮孟尝君怪之，曰："此谁也？"左右曰："乃歌夫'长铗归来'者也。"⑯孟尝君笑曰："客果有能也。吾负之，未尝见也。"⑰请而见之，谢曰："文倦于事，愦于忧，而性懧愚，沉于国家之事，开罪于先生。⑱先生不羞，乃有意欲为收责于薛乎？"冯谖曰："愿之！"⑲于是约车治装，载券契而行。辞曰："责毕收，以何市而反？"孟尝君曰："视吾家所寡有者。"⑳

驱而之薛，使吏召诸民当偿者，悉来合券。券遍合，起，矫命，以责赐诸民，因烧其券，民称万岁。㉒长驱到齐，晨而求见。孟尝君怪其疾也，衣冠而见之，曰：㉓

古文觀止 卷四 戰國文

『責畢收乎？來何疾也？』曰：『收畢矣。』『以何市而反？』冯谖曰：『君云"视吾家所寡有者"，臣窃计，君宫中积珍宝，狗马实外厩，美人充下陈；君家所寡有者，以义耳，窃以为君市义。』孟尝君曰：『市义奈何？』曰：『今君有区区之薛，不拊爱子其民，因而贾利之；臣窃矫君命，以责赐诸民，因烧其券，民称万岁，乃臣所以为君市义也。』孟尝君不说，曰：『诺。先生休矣！』

后期年，齐王谓孟尝君曰：『寡人不敢以先王之臣为臣！』孟尝君就国于薛，未至百里，民扶老携幼，迎君道中终日。孟尝君顾谓冯谖：『先生所为文市义者，乃今日见之！』

冯谖曰：『狡兔有三窟，仅得免其死耳；今有一窟，未得高枕而卧也。请为君复凿二窟！』孟尝君予车五十乘，金五百斤。西游于梁，谓梁王曰：『齐放其大臣孟尝君于诸侯，诸侯先迎之者，富而兵强。』于是梁王虚上位，以故相为上将军，遣使者黄金千斤，车百乘，往聘孟尝君。冯谖先驱，诫孟尝君曰：『千金，重币也；百乘，显使也。齐其闻之矣。』梁使三反，孟尝君固辞不往也。

齐王闻之，君臣恐惧，遣太傅赍黄金千斤，文车二驷，服剑一，封书谢孟尝君曰：『寡人不祥，被于宗庙之祟，沉于谄谀之臣，开罪于君！寡人不足为也，愿君顾先王之宗庙，姑反国统万人乎！』冯谖诫孟尝君曰：『愿请先王之祭器，立宗庙于薛！』庙成，还报孟尝君曰：『三窟已就，君姑高枕为乐矣。』

孟尝君为相数十年，无纤介之祸者，冯谖之计也。

选自《战国策·齐策》

注释

① 冯谖（xuān）客孟尝君：冯谖在孟尝君门下做食客。客，做食客。孟尝君，姓田，名文，齐国贵族，

古文觀止 卷四 戰國文

袭其父田婴的封爵，封于薛（今山东滕县南），称恭公，号孟尝君。②齐…齐国。贫乏…指缺乏衣食钱财等生活资料。存…生存，养活。属(zhǔ)…嘱托，请求，推荐。其后省略介词『于』，向。愿…愿意。寄食…靠人吃饭。寄，依附，依靠。门下…(孟尝君的)家里。③客…客人，指冯谖。何好(hào)…有什么爱好。④笑而受之…而，表修饰。受，接受。诺(nuò)…应答声，可译为『好吧』。⑤左右…指(孟尝君)左右的人。以…认为。君…指孟尝君。贱…鄙视，轻视。之…代词，指他。食(sì)…通『饲』，『给……吃』。⑥居…过了，表示相隔一段时间。居有顷…过了不久。铁…剑柄，代剑。归来乎…(咱们)回去吧。来，助词，无实义。乎，语气词，表感叹，吧。食无鱼…吃饭没有肉。鱼，泛指肉类。以告…身边的人把(他唱的内容)告诉(孟尝君)。之…代词，指冯谖。⑦食(sì)之…食，通『饲』，『给……吃』；之，指冯谖。比…比照……的样子。⑧出无车…出门没有车坐。⑨笑之…嘲笑他。为(wèi)之驾…给他车。车客…有车坐的门客。⑩乘(chéng)其车…乘坐着他的车。揭其剑…举起他的剑。过其友…拜访他的朋友。客我…把我当做客人。客，把……当做客人。⑪无以为(wéi)家…无以，没有什么，用来，为，养活。⑫恶(wù)之…厌恶他。以为(wéi)…认为他是贪而不知足…贪心而不知足(的人)。⑬公…先生。对人的尊称。亲…双亲，父母。⑭给(jǐ)…供给他母亲吃、用的东西。给，供给，供应。使其足，不匮乏。其，代老母。食用，指吃、用的(东西)。乏，缺少(东西)。于是…在这个时候。⑮后…后来。出…张贴出。记…名词，指通告。诸…各位。习…熟悉。计会(kuài)…指会计的工作。为(wèi)文…替(我)田文。为，给，词，并且，而且。略代词『之』，代冯谖的老母。

替。收责于薛：到薛地去收债。责，通『债』，债务，债款。于，到。薛，地名，孟尝君的封地，在今山东滕县南。者乎：可译为『的呢』。署（shǔ）……签署。曰……写上。⑯怪之：感到这事奇怪。怪，认为……奇怪。此谁也：这，指署『能』的人，谁，疑问代词，译时句末加语气助词『呢』……也，语气助词，表判断，译时加『是』。乃：就是。夫：那，那个。者也……的人啊。⑰果：果真，果然。能：本领，才能。负：亏待，对不起。未尝：未曾。⑱请而见之：请来见他。谢：道歉，表示歉意。倦于……被……搞得心烦意乱。愤，心乱。于，同上。弄得疲倦不堪。于，被。国事，国家大事。愦于是：被国家大事解。而性憃（nuò）愚：而且，性憃，同『儒』，懦弱，愚，愚蠢。沉于国家的事情中。于，表范围，在……之中。开罪于先生：得罪了先生。开罪，得罪。于，介词，表对象。⑲不羞：不以此为羞耻。言外有『承您不见怪』之意。乃：竟然。为（wèi）收责，替我收债。于薛：在薛这个地方。之，代词。⑳约车治装：约，整备、装整，治，整理、收拾。载券（quàn）契而行：装载契约准备出发。券契，同义复词，指契约。而，然后就。㉑毕：全，都。以何市……用（收回的债款）买了什么。以，用，其后省略代词『之』，指收回的债款。市，买。何，什么。作前置宾语。反：通『返』。所寡有者：指所缺少的东西。㉒驱而之薛：驱，本指赶马，这里指驾车。而，连词，表修饰关系；之，到，往。诸民当偿者：应当还债的各位百姓。当偿者，为后置定语，译时放在『诸民』之前。悉：全，都。合券：核对债券。遍合：全都核对过了。起：起身。矫（jiǎo）命：假传孟尝君的命令。以：介词，把。赐：赏赐。因烧其券：于是烧了那些债券。㉓长驱：一路不停地驾着车。晨而求见：大清早就要求拜见（孟尝君）。而，就。怪其疾也：即『以其疾为怪』，认为他迅速地回来很奇怪。其，

古文觀止 卷四 戰國文

代馮諼：疾，迅速，快。衣冠(yīguān)而見之：衣冠，穿衣戴帽，或整整衣帽。而，連詞，表順接，就。

㉔來何疾也：回來得怎麼這樣快呀？何，疑問代詞，怎麼。也，語氣助詞，表疑問。㉕云：說。竊計：私下盤算。竊，表敬副詞。積：聚積。實：充實，擠滿。外廄(jiù)：指宮外的狗窩馬圈。美人：屬妃嬪媵嬙之類，地位低下，屬於下列。充下陳：本指古代殿堂下，陳設禮品，站列婢女的地方。以義

耳：認為只是義罷了。以，認為。耳，語氣助詞，表限止，罷了。因此譯時在前加上「只是」。以為君市義：用收回來的債款，替先生買回了義。以，用，後面省略「之」，代「債款」；為，介詞，替，給。

㉖市義奈何：怎樣買回了義？奈何，如何，怎麼樣。區區：小小的。拊(fǔ)：同「撫」，拊愛，即撫愛，照料，愛護（百姓）。子其民：把自己的民眾當做兒子。子，把⋯⋯當做兒子。因而賈(gǔ)利之：因，於是，而，連詞，表順接，就。賈，囤積營利的叫「賈」，行商坐賈，後來這兩個字漸漸沒有了區別。這裡指放債，可譯為「用商賈放債的辦法」；利，向⋯⋯圖利。之，代薛地的人民。㉗乃臣所以為(wèi)君市義也：我就是用這樣的方法替您買來了義。乃，是。所以，用來⋯⋯的方法。為，替。

㉘不說(yuè)：不高興。說，同「悅」，高興。休矣：算了吧。休，止，算了。矣，語氣助詞，表感嘆，譯為「吧」。㉙後期年：事後一年。齊王：即齊湣(mǐn)王。不敢以先王之臣為(wèi)臣：以，用；先王，已去世的國王，這裡指齊宣王。為，做。這句是委婉語，實際上是想撤他國相之職。㉚就國於薛：到薛地去管理自己的封地。就，本義為接近，靠近。這裡意為「回到⋯⋯去」。國，封地稱國。未至百里：走到離薛一百里開外的地方。迎君道中：「迎君」後省略介詞「於」，在。終日：從早到晚。㉛顧：回頭看。所為(wèi)文市義者：替我（田文）買的義的效果。為文，為，替。文，指田文，即孟嘗君。市義，買的恩義。乃：才。見

之：看见了它。之，代『市义』的效果。㉜窟（kū）：洞穴。仅得：才能。耳：语气词，可译为『罢了』。未得：没能。高枕而卧：高，（把枕头）垫得高高的。而，表修饰关系，译为『地』。卧，趴在几上睡觉，引申为躺在床上。比喻没有忧虑。请：请允许我。为（wèi）：替您再开凿第二窟。㉝予车五十乘：给五十辆车。予，给（它）。西游于梁：到各诸侯国去。诸侯先迎之者：首先迎接他的诸侯。富而兵强：国家富裕而且军队强大。而，并且。㉞虚上位：空出最高的官位（指宰相之位）。虚，空出。上，上等的、最高的。故相：原来的宰相。故，原来的。为（wéi）上将军：为，封为。遣：派。黄金：携带黄金千金：等于说金千斤。币：这里指聘币，是古代聘请人送的礼物。可译为贵重的聘礼。显使：显贵的使臣。诚：告诫。其：表测度语气，可译为『大概』。矣：表已然的语气词。译为『了』。闻之：之，代词，代梁惠王重礼聘请孟尝君这件事。两个『也』均表判断，译时在前文中加『是』。㉟先驱：先驾车回（薛）。车：出车。往聘（pìn）：聘请。㊱三反：往返三次。反，通『返』。固辞：坚决推辞。㊲太傅：辅佐国君的官。贵（三）：送去。文车二驷：绘有纹彩的四马车两辆。文，纹彩，彩饰；驷，四匹马拉的车的单位。服剑一：佩剑一把。服，佩。㊳封书谢孟尝君：封书，封好书信。谢，道歉。其后省介词『于』，译为『向』。不祥：祥，本义是凶吉的预兆（迷信），特指吉兆。引申为吉利、吉祥，可译为『我（遇事）不吉利』。被于宗庙之祟（suì）：被，遭受。于，到。宗庙，这里借指祖宗；祟，本义为鬼神作祟（迷信），这里为降下来的灾祸。沉于谄谀（chǎnyú）之臣：沉迷在巴结奉承的谄臣的话语之中。沉，陷入，入迷。于，在……中。谄谀，巴结，奉承，讨好。不足为（wèi）也：是不值得扶助的。

古文觀止

卷四 戰國文

趙威后問齊使①

《戰國策》

原文

齊王使使者問趙威后，書未發，威后問使者曰：『歲亦無恙耶？民亦無恙耶？王亦無恙耶？』②使者不說，曰：『臣奉使使威后，今不問王而先問歲與民，豈先賤而後尊貴者乎？』③威后曰：『不然。苟無歲何有民？苟無民何有君？故有問，舍本而問末者耶？』④

乃進而問之曰：『齊有處士曰鍾離子，無恙耶？是其為人也，有糧者亦食，無糧者亦食；有衣者亦衣，無衣者亦衣。是助王養其民者也，何以至今不業也？⑤葉陽子無恙乎？是其為人，哀鰥寡，恤孤獨，振困窮，補不足。是助王息其民者也，何以至今不業也？⑥北宮之女嬰兒子，無恙耶？撤其環瑱，至老不嫁，以

足，值得。為，扶助，也，表判斷語氣。顧：顧念。宗廟：這裡代指王室，國家的象徵。姑：姑且。反：通『返』，回。統：治理。萬人：指全國人民。乎：語氣詞，表祈使語氣，譯為『吧』。㊴請先王之祭器：這裡的先王，指齊威王（孟嘗君的祖父）、齊宣王（孟嘗君的伯父）。祭器，是祭祀祖先的寶物，請求一部分先王的祭器，在薛地建立宗廟，這在血緣關係方面來說，是合情理的。㊵還：回去。就：完成。姑：暫且。高：墊高。為（wèi）：享受。矣：語氣助詞，表強調，可譯為『吧』。㊶纖（xiān）介：纖，細。介，通『芥』，小草。纖介，意為細小。『……者，……也』：在主語後面用『者』，表示提頓，後用語氣詞『也』與之照應，表判斷。

养父母。是皆率民而出于孝情者也，胡为至今不朝也？此二士弗业，一女不朝，何以王齐国，子万民乎？⑧于陵子仲尚存乎？是其为人也，上不臣于王，下不治其家，中不索交诸侯。此率民而出于无用者，何为至今不杀乎？」⑨

选自《战国策·齐策》

注释

① 赵威后：赵惠文王的妻子，即孝威太后。问：询问。齐使：齐国派来的使者。使使者：派遣使者。第一个「使」，派遣。第二个「使」与「者」构成名词，指奉使命的人。问赵威后：问，聘问。书未发：书信没有开封。书，齐王给赵威后的信。发，开，启封。问使者：问，询问。岁亦无恙耶：这一年的收成还好吗？岁，一年的收成。恙(yàng)，忧患，灾害。耶，表疑问语气词，相当于「吗」。③ 说(yuè)：愉快，喜悦。后写作「悦」。臣奉使使威后：臣，自谦之称。奉使，恭敬地接受使命。使，使者。使威后，出使到威后这里来。岂先贱而后尊贵者乎：难道可以把贱的搁在前头问，把尊贵的放在后头问吗？者，……的人。乎，语气词。贱，指民。尊贵，指齐王。④ 不然：不是这样。然，这样。苟(gǒu)无岁：如果没有收成。何有民：何，怎么。故有问：怎么有问事情。故，通「胡」。疑问代词，怎么，为什么。舍本而问末者耶：舍去根本而先问枝叶的呢？本，根本，威后指的是「民」。末，枝叶，威后指的是「齐王」。而，逆接连词，译为「却」。⑤ 乃进而问之：于是进一步问齐国使者。处士：隐士，有贤德才智却隐居不出来做官的人。曰：叫做。钟离子：钟离，复姓，子，对人的尊称，多指男性。是其为人：是，这，这个(人)。其，他的。为人：为人，做人处世的态度。亦食：也给他们食物

古文觀止 卷四 戰國文

宿禽急湍圖 宋·李迪

图中古柏依石而生，盘根错节，溪流湍急，飞泻而下，溅起阵阵浪花。二鸟栖息枝头，怡然自得，与水浪形成静与动的对比。构图形式以峭拔的树梢和二鸟打破了对角线的布势，也使画面获得了平衡感。树木多用颤笔描绘，线条颤动。虬曲的古柏枝干和急湍的小溪使画面具有强烈的动感。以线勾勒和水墨烘染相结合来表现浪花，手法独特。

吃。有衣（yì）者亦衣（yì）：前一"衣"，衣服；后一"衣"，给衣服穿。是：这个。养其民：抚养齐国的民众。者……的（人）。何以：以何，即因为什么。不业：不使他在位，以成就更大的功业。业，动词。⑥叶（shè）阳子：齐国的处士。叶阳，复姓。哀鳏（guān）寡：哀，怜悯，同情。鳏，指年老而无妻；寡，照顾寡妇。恤（xù）孤独：恤，抚慰，救济。孤，指年老而无父，独，指年老而无子。振困穷：振，救济，后写作"赈"；困贫困，穷，生活困难。补不足：补给衣食不足的人。息其民：使齐国的民众得到繁殖养育。息，使……繁殖。⑦北宫：复姓。婴儿子：是姓北宫的女子的名字。她是齐国有名的孝女。撤其环瑱（zhěn）：撤，撤除，摘掉；环，耳环；瑱，用于耳部的玉制装饰品。以养父母：以，用来。是皆：是，这。皆，指代"她"。率民：率领带动百姓。而出于孝情：并且使其产生孝顺之心。出，产生；孝情，孝心。也：表判断语气。胡：什么。不朝（cháo）：不受封入朝。古代妇女要受封为『命妇』，才能入朝，朝见国君。⑧二士：指上文的两位处士。王（wàng）齐国：在齐国称王。王，称王。子：这里意为把人民当做自己的子女。⑨於（wū）陵子仲：

触龙说赵太后① 《战国策》

原文

赵太后新用事，秦急攻之。②赵氏求救于齐，齐曰：「必以长安君为质，兵乃出。」③太后不肯，大臣强谏，④太后明谓左右：「有复言令长安君为质者，老妇必唾其面！」

左师触龙愿见太后。太后盛气而揖之。⑥入而徐趋，至而自谢曰：「老臣病足，曾不能疾走，不得见久矣，⑦窃自恕，而恐太后玉体之有所郄也，故愿望见太后。」太后曰：「老妇恃辇而行。」⑧曰：「日食饮得无衰乎？」曰：「恃粥耳。」⑨曰：「老臣今者殊不欲食，乃自强步，日三四里，少益耆食，和于身也。」⑩太后曰：「老妇不能。」太后之色少解。⑪

左师公曰：「老臣贱息舒祺，最少，不肖，⑫而臣衰，窃爱怜之，愿令得补黑衣之数，以卫王宫。没死以闻！」⑬太后曰：「敬诺。年几何矣？」对曰：「十五岁矣。虽少，愿及未填沟壑而托之。」⑭太后曰：「丈夫亦爱怜其少子乎？」对曰：「甚于妇人。」太后笑曰：「妇人异甚！」对曰：「老臣窃以为媪之爱

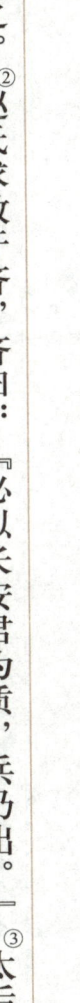

燕后，贤于长安君。」⑯曰：「君过矣，不若长安君之甚。」⑰左师公曰：「父母之爱子，则为之计深远。媪之送燕后也，持其踵为之泣，念悲其远也，亦哀之矣。⑱已行，非弗思也，祭祀必祝之，祝曰：『必勿使反。』⑲岂非计久长，有子孙相继为王也哉？」太后曰：「然。」⑳

左师公曰：「今三世以前，至于赵之为赵，赵王之子孙侯者，其继有在者乎？」曰：「无有。」㉑曰：「微独赵，诸侯有在者乎？」曰：「老妇不闻也。」㉒「此其近者祸及身，远者及其子孙，岂人主之子孙则必不善哉？位尊而无功，奉厚而无劳，而挟重器多也。㉓今媪尊长安君之位，而封之以膏腴之地，多予之重器，而不及今令有功于国，一旦山陵崩，长安君何以自托于赵？㉔老臣以媪为长安君计短也。故以为其爱不若燕后。」太后曰：「诺，恣君之所使之。」㉕

于是为长安君约车百乘，质于齐，齐兵乃出。㉖

子义闻之，曰：「人主之子也，骨肉之亲也，犹不能恃无功之尊，无劳之奉，而守金玉之重也；而况人臣乎？」㉗

选自《战国策·赵策》

注释

①触龙：人名。说（shuì）：劝说，说服。赵太后：赵惠文王的妻子赵威后。赵惠文王死后，其子孝成王被立为国君，因年少，由威后执政。②新：刚刚。用事：这里指执政。③赵氏：赵国。求救于齐：向齐国求救。于，介词，表对象，向。必以长安君为质（zhì）：『以……为……』，『拿（用）……做……』。长安君，赵太后最小儿子的封号。质，抵押。当时诸侯间结盟，常把自己的子孙交给对方作为抵押，来取得对方的信任。乃：才。④肯：愿意。强（qiǎng）谏：竭力劝谏。⑤明谓左右：明确

地对大臣说。谓，告诉，对……说。左右，指代身边的大臣。有复言……者，有再说……的人。老妇，赵太后自称。唾(tuó)，用唾沫吐。其，代词，指『复言……的人』，他的。面，脸。⑥左师，官名。盛气而揖之，很生气地等待着触龙。盛，盛大，引申为（生气）的程度深。而，连词，译为『地』。揖，是『胥』字的传写之误。胥，通『须』，等待。之，指触龙。⑦入而徐趋……（触龙）进了宫室就小步快走。徐趋，放慢速度，小步快走。至……曾，可译为『连……都……』，这里意为『连疾（快）走（跑）都不能』。至，到了太后面前。而，就。自谢，亲自道歉。病足，脚上有毛病。曾（céng）不能疾走……曾，通『须』，等待。之，指触龙。⑧窃自恕……窃，私下，表示谦虚。恕，宽恕，原谅。『而……玉体之有所郄也』……而，可是。玉体，贵体。古人把玉看成贵重的东西，这里用玉则表示贵重。有所郄（xì），有什么病痛。望见，拜望。恃辇（niǎn）而行……恃，依靠，依赖。辇，人拉的车子，秦汉以后专指皇帝乘坐的车子。行，行动。⑨日，每天。得无……可译为『该不会』。衰，减少。恃粥（zhōu）耳，靠（喝）稀饭而已。耳，语气词，而已，罢了。⑩老臣……触龙自称。今者，近来，最近。殊，很。不欲食，不想吃饭。乃自强(qiǎng)步……乃，于是，这才，强步，勉强慢慢走一走。少(shǎo)益者食，和于身也……稍微增加欢吃的东西，对身体很好呢。少，稍微，益，增加，者，通『嗜』，喜爱，和，这里指舒适，于身，对身体。色少(shǎo)解……脸上的怒色略微消解了一些。解，通『懈』，消。⑪不能……指不能自己勉强走路。⑫左师公……指触龙。贱息……对人谦称自己的儿子。息，子，舒祺……触龙的儿子。最少(shǎo)……最小不肖(xiào)……不贤，不成材。肖，贤。⑬而臣衰……但是我已经老了。衰，衰老。窃爱怜之……（我）私下爱怜他。窃，私下，私自之，代舒祺。愿令……『令』后省略『之』。得……能够。补……补充（到）。黑衣……卫士

古文觀止 卷四 戰國文

的代稱。因當時王宮的衛士都是穿黑衣，之數……的數額中。以衛王宮：讓他來守衛王宮。沒(mò)死以聞：冒著死罪把這話稟告給您。沒死，冒著死罪。聞，使上級聽見，即稟告。⑭敬諾：好吧。敬，表示客氣的詞。年幾(jī)何：年齡多大了。幾何，多少。雖少：雖然年紀小。願及：願意趁著。填溝壑：原意是死後沒有人埋葬，扔在山溝裡。這裡是觸龍謙稱自己的死。而托之：就把他托付給您了。之，他，代舒祺。⑮丈夫：男子。少(shào)子：指小兒子。甚於婦人：比婦人愛得厲害。甚，厲害。⑯異甚：特別厲害。異，不同，引申為奇特，與眾不同。以為：認為。媼(ǎo)：古代尊稱年老婦人為「媼」。燕后：趙太后的女兒，嫁到燕國為王后。賢：勝過，超過。於長安君：于，表示對象的介詞，不譯。⑰君過矣：您(看)錯了。若長安君之甚：不像愛長安君愛得這麼厲害。不若，不如，不像。⑱父母之愛子之，結構助詞，不譯。則為(wèi)之：就該替他們。之，指代子女。計深遠：作深遠的打算。計，打算，考慮。⑲媼之送燕后也：太后送燕后出嫁的時候。持其踵為(wèi)之泣：握著她的腳後跟對著她哭泣。持，握。踵，腳後跟。其，她。為(wèi)之：為她。之，代燕后。念悲其遠也：惦念著(燕后)嫁到燕國為王后。悲其遠也。念悲其遠也：惦念著(燕后)並且為她遠嫁而傷心。悲，為……感到悲傷。亦(yì)哀之矣：實在是哀憐她(指燕后)啊。⑳已行：已經走了之後。非弗思也：不是不想她。祭祀必祝之：每逢祭祀的時候，一定為她祈禱。祝之，為之祈禱。祝曰：祈禱說。必勿使反：一定不要讓她回來。反，同「返」。㉑豈非……也哉：難道不是……嗎！計久長：作長遠打算。有子孫相繼為(wèi)王：(希望燕后)有子孫世世代代相繼為王。然：是這樣。㉒今三世以前：從現在的趙孝成王向上推到三世以前。三世，指趙武靈王、趙惠文王、趙孝成王。以前，指趙肅侯時。至於趙之為趙：甚至到趙氏由晉國的一個大夫之家被封為諸侯國的國君。第一個「趙」，指代。

指赵家（原是晋国大夫）。为，封为。第二个『赵』指赵诸侯国的国君（赵烈侯）。赵王之子孙侯者……烈侯以后的每一代赵王被封为侯的子孙。侯，封为侯。其继有在者乎……他们的继承人有被封侯而存在的吗？继，这里指继承人。㉓微独……不仅仅，不只是。诸侯……指其他诸侯的继续受封的子孙。不闻……没有听说。㉔此其近者祸及身……这就是封侯者，眼前的灾祸危及到自身。近者，指眼前的祸；及，到。远者及其子孙……隐患远祸就连累到他们的子孙。人主……这里指诸侯国的国君。则必不善哉……就一定不好吗？㉕位尊而无功……地位尊贵，却没有建立功业。奉厚而无劳……俸禄很多，却没有立下功劳。奉，通『俸』，俸禄。而挟重器多也……却拥有许多贵重的宝物。挟，持。重器，指金玉珍宝钟鼎等珍贵宝物。㉖尊……之位……使……的地位尊贵。封之，代词，指长安君。封之以膏腴之地……并且把肥美的土地授予给他。膏，脂肪；腴，腹下肥肉。予……给。而不及……却不如。今令有功于国……现在让他对国家建立功勋。令，使，让，后省略『之』。山陵崩……古代用来比喻国王或王后的死，是一种委婉的说法。何以……凭什么。自托于赵……使自己在赵国立身。托，寄托。㉗老臣以媪为（wèi）长安君计短也……我认为您替长安君谋划得短啊。不若燕后……『若』字省略『爱』。爱……指对长安君的爱。恣君之所使之……任凭您怎样派遣他。恣，放纵，无拘束，这里意为任凭；使之，派遣他（长安君）。诺……好吧。㉘为（wèi）……给。约车百乘（shèng）……置办一百辆车子。约，置办，配备。㉙子义……赵国的贤士。人主……即国君。也……用于句中的语气词，表示提示，以待下文的述说。骨肉之亲也……（与国君）是骨肉之亲。也，表判断语气。犹……尚且。恃……依靠，任凭。尊……指尊高的地位。奉……俸禄。而守金玉之重……就能守住贵重的金玉珍宝。而况……何况。表示更进一

古文觀止 卷四 戰國文

魯仲連義不帝秦①
《戰國策》

層。人臣：國君的臣子。

原文

秦圍趙之邯鄲。魏安釐王使將軍晉鄙救趙，畏秦，止於蕩陰，不進。②魏王使客將軍辛垣衍間入邯鄲，因平原君謂趙王曰：「秦所以急圍趙者，前與齊湣王爭強為帝，已而復歸帝，以齊故；③今齊湣王益弱，方今唯秦雄天下，此非必貪邯鄲，其意欲求為帝。趙誠發使尊秦昭王為帝，秦必喜，罷兵去。」平原君猶豫未有所決。④此時魯仲連適游趙，會秦圍趙，聞魏將欲令趙尊秦為帝，⑤乃見平原君，曰：「事將奈何矣？」平原君曰：「勝也何敢言事！百萬之眾折於外，今又內圍邯鄲而不去。魏王使客將軍辛垣衍令趙帝秦，今其人在是。勝也何敢言事！」⑥魯連曰：「始吾以君為天下之賢公子也，吾乃今然後知君非天下之賢公子也。梁客辛垣衍安在？吾請為君責而歸之。」⑦平原君曰：「勝請為召而見之於先生。」⑧平原君遂見辛垣衍，曰：「東國有魯連先生，其人在此，勝請為紹介，而見之於將軍。」⑨辛垣衍曰：「吾聞魯連先生，齊國之高士也。衍，人臣也，使事有職，吾不愿見魯連先生。」⑩平原君曰：「勝已泄之矣。」辛垣衍許諾。⑪

魯連見辛垣衍而無言。辛垣衍曰：「吾視居此圍城之中者，皆有求於平原君者也。今吾視先生之玉貌，非有求於平原君者，曷為久居此圍城之中而不去也？」⑫魯連曰：「世以鮑焦無從容而死者，皆非也。今眾

人不知，则为一身。⑮彼秦者，弃礼义，而上首功之国也，⑯权使其士，虏使其民，⑰彼则肆然而为帝，过而遂正于天下，则连有赴东海而死耳，吾不忍为之民也！所为见将军者，欲以助赵也。」⑲辛垣衍曰：「先生助之奈何？」鲁连曰：「吾将使梁及燕助之，齐楚固助之矣。」⑳辛垣衍曰：「燕则吾请以从矣；若乃梁，则吾乃梁人也，先生恶能使梁助之耶？」㉑鲁连曰：「梁未睹秦称帝之害故也；使梁睹秦称帝之害则必助赵矣。」㉒辛垣衍曰：「秦称帝之害将奈何？」鲁仲连曰：「昔齐威王尝为仁义矣，率天下诸侯而朝周。㉓周贫且微，诸侯莫朝，而齐独朝之。居岁馀，周烈王崩，诸侯皆吊，齐后往。㉔周怒，赴于齐曰：『天崩地坼，天子下席，东藩之臣田婴齐后至，则斮之！』㉕威王勃然怒曰：『叱嗟！而母，婢也！』卒为天下笑。㉖故生则朝周，死则叱之，诚不忍其求也。彼天子固然，其无足怪！」㉗辛垣衍曰：「先生独未见夫仆乎？十人而从一人者，宁力不胜、智不若邪？畏之也。」㉘鲁仲连曰：「然梁之比于秦，若仆耶？」辛垣衍曰：「然。」㉙鲁仲连曰：「然则吾将使秦王烹醢梁王。」㉚辛垣衍怏然不说，曰：「嘻！亦太甚矣，先生之言也！先生又恶能使秦王烹醢梁王。」㉛鲁仲连曰：「固也！待吾言之：昔者鬼侯、鄂侯、文王纣之三公也。㉜鬼侯有子而好，故入之于纣，纣以为恶，醢鬼侯；㉝鄂侯争之急，辨之疾，故脯鄂侯；文王闻之，喟然而叹，故拘之于羑里之库百日，而欲令之死。㉞曷为与人俱称帝王，卒就脯醢之地也？」㉟

「齐闵王将之鲁，夷维子执策而从，谓鲁人曰：『子将何以待吾君？』鲁人曰：『吾将以十太牢待子之君。』㊱夷维子曰：『子安取礼而来待吾君？彼吾君者，天子也。㊲天子巡狩，诸侯避舍，纳筦键，摄衽抱几，视膳于堂下；天子已食，而听退朝也。』㊳鲁人投其钥，不果纳，不得入于鲁。将之薛，假涂于邹。当是时，邹君死，闵王欲入吊。夷维子谓邹之孤曰："天子吊，主人必将倍殡柩，设北面于南方，然后天子南面吊也。"邹之群臣曰："必若此，吾将伏剑而死。"故不敢入于邹。㊵邹、鲁之臣，生则不得事养，死则不得饭含。然且欲行天子之礼于邹、鲁之臣，不果纳。㊶今秦万乘之国，梁亦万乘之国，交有称王之名。㊷睹其一战而胜，欲从而帝之，是使三晋之大臣，不如邹、鲁之仆妾也。㊸

"且秦无已而帝，则且变易诸侯之大臣。彼将夺其所谓不肖，而予其所谓贤，夺其所憎，而予其所爱；㊹彼又将使其子女谗妾，为诸侯妃姬，处梁之宫，梁王安得晏然而已乎？而将军又何以得故宠乎？"㊺

于是辛垣衍起，再拜谢曰："始以先生为庸人，吾乃今日而知先生为天下之士也！吾请去，不敢复言帝秦！"㊻

秦将闻之，为却军五十里。适会魏公子无忌夺晋鄙军以救赵击秦，秦军引而去。㊼

于是平原君欲封鲁仲连。鲁仲连辞让者三，终不肯受。平原君乃置酒，酒酣，起，前，以千金为鲁连寿。㊽鲁连笑曰："所贵于天下之士者，为人排患释难、解纷乱而无所取也。即有所取者，是商贾之人也，仲连不忍为也。"㊾遂辞平原君而去，终身不复见。㊿

选自《战国策·赵策》

注释

①鲁仲（zhòng）连：齐人，一生不做官，好为人排难解纷。义：根据正义。不帝秦：不尊秦王为帝。
②邯郸（hándān）：赵国国都，今属河北。魏安釐（xī）王：魏昭王的儿子，信陵君无忌的异母兄。晋鄙：魏国的大将。"畏秦"前省略主语"晋鄙"。止于荡阴：停止在荡阴。荡阴，今河南汤阴，赵魏两国交界之

③客将军：别国人在魏做将军，所以称客将军。辛垣(yuán)：复姓。间(jiàn)入：秘密地、悄悄地进入。因：介词，通过、由。平原君：赵孝成王的叔父，名胜，封平原君，战国四君子之一，当时为赵相。赵王：指赵孝成王。④所以……：……的原因。前与齐湣(mǐn)王争强为帝：先前(前288)秦昭王和齐湣王争胜斗强，同时称帝(齐湣王称东帝，秦昭王称西帝)。已而：过了不久。归帝：(秦昭王也)归还帝号，即取消帝号。以齐故：因为(苏代劝)齐湣王取消了帝号的缘故。⑤今齐湣王益弱：应改为『今之齐比湣王时益弱』。益，更加。方今：现在。唯：只，只有。雄：称雄。此：指秦围攻邯郸这件事。非必：不一定。贪：贪图占领。其意欲求为帝：秦王的意图，是想要求称帝。意，心意，意图，为(wèi)，称。⑥诚：果真。发使：派出使者。『尊……为帝』：『尊奉……称帝』。罢兵去：收兵撤离。未有所决：没有作出不发使的决定。⑦适游赵：适，恰好，游，旅行。会秦围赵：会，正好，恰好(遇上)。将欲令赵：将要想使赵国令，使：乃：于是，就。事将奈何矣：事情将怎么办呢？事将：将要，奈何，如何，怎么办，矣，语气词，表疑问，呢。⑧胜也何敢言事：我赵胜哪里敢谈论这些事情呢？百万之众折于外：公元前260年，秦与赵战于长平(今山西高平西北)，秦将白起大败赵军，坑杀赵降卒四十万人。百万，极言其多，之，音节助词，无义，折于外，(军队)在外面受到损伤，折，损失挫折。今又内围邯郸而不去：现在(秦)又深入国内围攻邯郸却不能使它撤离。而，却，这里意为『使……离开』。今其人在是：其，那，那个，是，这里。⑨始：最初，一开始。『认为您是……贤公子』。吾乃今然后知：我是(从)现在(您说的)这样(的话中)，才知道。乃，是，今，现在，然后，『这样……才……』。安在：在哪里。安，哪里。吾请：请您允许我。为(wèi)：给，

替。责：责备。而：而且。归之：让他（辛垣衍）回到魏国去。为（wèi）：给，替，其后省略代词『之』，指鲁仲连。召（zhāo）：招致，招引。其后省略『之』，指辛垣衍。而：并且。见之于先生：使辛垣衍跟先生相见。⑪遂（suì）：于是，就。东国：指齐国，齐国在赵国的东方。请：请允许我。为（wèi）绍介：给您介绍一下。而：而后。⑫高士：品行高尚而不做官的人。衍，人臣也：我是国君的臣子。人，这里意为国君的。⑬泄之矣：泄露给鲁仲连了。经将您在赵国的事，泄露给鲁仲连了。者：被围攻的城中的人。玉貌：敬词，尊容，相貌。曷为：为什么。曷，何，什么。⑭而无言：（只好）答应了。⑮世以鲍（bào）焦无从容而死者：世上一般人认为鲍焦是心地狭窄郁闷而死的。鲍焦，周朝时的隐士，传说他不满时政，廉洁自守，后抱木而死。无从容，指心地狭隘。皆非也：这都是不对的。众人：一般人。不知：不了解（鲍焦）。则为一身：就认为他是为个人打算。为（wèi）认为。一身，一个人。引用这个典故，在于表明仲连不是为个人打算。⑯彼：那。者：语气词，表提顿。而：并且。上：同『尚』，崇尚。崇尚礼行义。礼义：崇尚礼行义。功：斩首之功。按照秦朝的制度，作战是以获首级额数目授予爵位，杀敌越多，爵位越高，所以秦兵每次作战都将敌国老弱妇孺杀死，异常残暴，所以天下人称秦是『上首功』之国。也：表判断语气词。⑰权使其士：凭借权势来使用那些读书人。权，权势，权力。虏使其民：像役使奴隶一样役使那里的百姓。虏使，这里可译为像役使奴隶一样。民，奴隶，百姓。⑱彼：那，指秦王。则：假若，假如。肆然：放肆轻率任意，无所顾忌的样子。而：连词，表修饰关系，可译为『地』。为（wèi）：称，过：过分。译为『甚至』。而：连词，表修饰关系。遂（suì）：顺利地做到。正：治理。则：那么，就。连：指仲连。

赴：奔向。为（wèi）之民：做他的百姓。⑲所为（wèi）：「所」和介词「为」组成名词性短语，表示行为的原因。欲以助赵也：想利用这个机会来帮助赵国。⑳助之奈何：怎么帮助赵国呢？奈何，如何，怎么。固：本来。㉑燕：燕国，译为「如果燕国帮助赵国」。则：那么。吾请以从矣：请允许我认为它是会听从您的。请，可译为「请你允许我……」，表示对对方客气和尊重。以，认为。矣，助肯定的语气词。若乃：至于，表示另提一事。梁：魏国。因从安邑迁都到了大梁（今河南开封），故称梁。恶（wū）：怎么。㉒梁未睹秦称帝之害故也：是之：代词，指赵国。耶（yé）：句末语气词，表疑问或反问，相当于「呢」。㉓将梁没有看到秦称帝的害处的缘故。「使……，则……」，相当于现代汉语的「假如……，那么……」。奈何：将会是怎样的呢？齐威王：名婴齐，宣王的父亲。为（wèi）仁义：施行仁义。朝（cháo）周天子。㉔贫且微：贫穷又弱小。莫朝：不去朝拜。而：连词，表转折，可是。居岁馀：过了一年多。居，过了，表示相隔一段时间。周烈王：名喜。崩：古代专指帝王死。吊：慰问，引申为悼念死者。后往：去得最迟。㉕赴（fù）于齐：向齐国报丧。天崩地坼（chè）：比喻天子死。坼，裂开。天子：这里指继承王位的新君显王（名扁）。下席：下，离开。指孝子离开原来的宫室，寝在苫（shān）子上守丧。东藩（fān）：指齐国。后至：到达晚了。则斫（zhuó）之：就砍掉田婴齐的头。㉖勃然：生气时脸变色的样子。叱嗟（chījiē）：而母：你的母亲。而，你的。婢（bì）：被迫受役使的女子。卒终于：被。㉗故：原来。生：指周烈王活着的时候。死：指周烈王死后。叱：大声斥骂。诚：确实。不忍其求：不能忍受周王室的苛求。彼天子：那些天子。固然：本来就是这样随便作威作福的。其无足怪：那就不值得奇怪了。其，语气词，表委婉。㉘独：难道。夫：代词，这，那。仆（pú）：奴仆

古文觀止 卷四 戰國文

而從⋯⋯卻服從。一人⋯⋯一個主人。者⋯⋯和前面的主謂結構組成名詞短語，表『⋯⋯的奴僕』。寧(nìng)⋯⋯豈，難道。力⋯⋯體力，力量。勝⋯⋯勝過，超過。智⋯⋯智慧。聰明。若⋯⋯及，比得上。不若，比不上。畏之也⋯⋯是害怕他呀。㉙然⋯⋯這樣（看來）。梁之比於秦⋯⋯梁國跟秦國相比。之，主謂之間的結構助詞，不譯。若僕耶⋯⋯（梁國）就像奴僕嗎？然⋯⋯等於說『是的』。㉚然則⋯⋯既然這樣，那麼。烹醢(hǎi)⋯⋯都是古代的酷刑。烹，用鼎煮殺人；醢，把人殺死後，剁成肉醬。㉛固⋯⋯本來，當然。快然(就是這樣的)。待吾言之⋯⋯等我嘻⋯⋯驚嘆聲。甚⋯⋯厲害，過分。惡(wū)能⋯⋯怎麼能。說明這個道理。昔者⋯⋯先前，過去。鬼侯、鄂侯、文王⋯⋯都是商紂王時的封侯。三公⋯⋯三位諸侯。公，先秦時對各國諸侯的通稱。㉜有子而好⋯⋯有女兒而且容顏美麗。子，在上古時代，是男女的通稱，這裡指女兒；好，容貌美麗。入之於紂⋯⋯（把女兒）進獻給紂王。入，進獻。之，代詞，指女兒。以為惡之為惡⋯⋯認為她長得醜。醢鬼侯⋯⋯（就把）鬼侯剁成肉醬。㉝爭、辯⋯⋯爭論，辯論。急⋯⋯疾⋯⋯都是迫切，急切的意思。脯(fǔ)⋯⋯本指乾肉，這裡意為做成肉乾。㉞聞之⋯⋯之，指代鬼、鄂二侯的遭遇。喟(kuì)然而嘆⋯⋯長長地嘆息了一口氣。喟然，嘆氣的樣子。故⋯⋯因此。拘之於牖里之庫百日⋯⋯(就)把他拘禁在牖里的監獄裡，關了一百天。牖(yǒu)里，也作『羑里』，在今河南湯陰北。之，代詞，指文王。庫，監獄。而欲令之死⋯⋯而且之，指代文王。㉟曷為⋯⋯為什麼。曷，同『何』。與人俱稱帝王⋯⋯跟別人一同稱王。帝王，屬偏義複詞，偏在『王』上。卒就脯醢之地也⋯⋯卒，終；就，接近，靠近；脯醢，做成肉乾，剁成肉醬。地，處所，地點，這裡引申為處境，境地。（以上暗指秦和梁都是稱王的諸侯國，二者是平等的，梁不應甘居人下，處於受秦宰割的地位。）㊱齊閔王⋯⋯齊湣王。湣王四十年，燕國聯合五國的軍隊攻打齊

国，湣王逃到卫国，因态度傲慢而激怒了卫人，于是离开卫国要到鲁国去。之……往，到。夷维子……齐人，以邑为姓，今山东潍县。子……指男子的美称。执策而从……意为驾着马车跟从（齐湣王）。子将何以……你们准备用什么。将，打算，准备。十太牢……牛羊豕各十只。牢，作祭品用的牛羊猪。天子享太牢，诸侯享少牢（只有猪羊）。彼（bǐ）……指示代词，那（位）。

㊲『安取礼』句……怎么选用这种礼节来对待我们的君主。

㊳巡狩（shòu）……帝王巡察诸侯。避舍……离开自己的宫室，让给天子。摄衽（shè rèn）……提起衣襟。抱几（jī）……捧着几案。视膳（shàn）……于堂下……在堂下伺候着天子上吃饭。已食……吃完饭。而……顺接连词，就。听……治理处理（政事）。退朝……退回到自己的朝廷。㊴投其钥（yào）……锁钥连用时读『yuè』。投，投入（锁眼）；钥，钥匙。这里指关门上锁。不果纳……不能为事实，实现。纳，收进，引申为接纳。这句话的意思是不让湣王进关。

㊵将之薛……（湣王）准备到薛。薛，齐国孟尝君田文的封地。假涂于邹……向邹国借道。涂，道路。邹之孤……邹国国君的儿子。父死称其子为『孤』。倍殡柩（bìn jiù）……背对着灵柩。倍，通『背』。殡，停柩待葬；柩，装了尸体的棺材。设北面于南方……将安放灵柩的头北尾南的方向，换成头南尾北的方向设，安置安放；北面，面，面向。古代以坐北朝南为正位，邹国君的灵柩本来是坐北朝南放的。因为『天子』来吊，就要求将灵柩的位置掉换为坐南朝北，天子吊丧时，则坐北朝南放的。二者连用，指灵柩。

『天子』的地位，却贬抑了邹国国君的地位，有辱于邹国群臣的尊严。㊶必若此……一定要像这样。此，代词，指灵柩原位置的调换。伏剑而死……（我们）将用剑自刎而死。伏剑，受到剑的惩罚。㊷生、死……指他们的国君活着和死后。则……却。不得……不能。事养……侍奉供养。饭（fàn）含……古代把米放在死人的口中叫

古文觀止

卷四 战国文

一六九

『饭』，把玉放在死人口中叫『含』。这两句极言邹鲁两国的贫弱。然…然而。且…还。欲行天子之礼…齐国的夷维子想要施行接待天子的礼节。于邹、鲁之臣…于，介词，表对象，相当于『让』，同『邹、鲁之臣』组成介宾短语，作后置状语，译时放在『行』之前。不果纳…（邹鲁两国的群臣）没有接受接待天子施行的礼节的要求。㊸万乘之国…拥有一万辆兵车的大国。交有…都有。名…名分，资格，地位。㊹睹…看到。其…代指秦国。一战而胜…一次战争并且取胜。一战，指秦赵长平之战，秦取得胜利。从而帝之，以之为帝。是使三晋之大臣…这就让三晋的大臣们。从，顺从；帝之，帝之以为帝。三晋，春秋时的晋国分裂为韩、赵、魏三国，所以称韩赵魏为三晋。晋国本是春秋时的强国，这里用『三晋』实指梁国，含婉讽意。不如邹、鲁之仆妾也…比不上邹鲁弱国的小奴隶了呀。仆妾，仆，泛指奴隶；妾，女奴隶。㊺且，表示更进一层。无已…（秦国的欲望）没有止境。已，停止。而…如果。帝…称帝。则…那么，就。且…将要。变易…撤换。彼(bǐ)…他，指称帝以后的秦王。夺…夺取，这里意为撤免。其…指自己。所谓…所认为的。不肖(xiào)…不贤，缺少德才的。而…接着，就。予(yǔ)…给。㊻其子女谗妾…他们的妇女和善于毁贤嫉能的妾。子女，专指女人。为(wéi)…做。妃姬(fēijī)…都指『妾』。处(chǔ)…住。后省略『于』。安得…怎么能。晏然…平安的样子。已…停止，完毕，即度完自己的一生。『而将军』句…而且将军又凭什么来恢复旧日的尊荣地位呢？㊼再拜…拜了两次。拜，古代的一种礼节，表示恭敬。以……为(wéi)…『认为……是……』。庸人…平凡的人。乃…是的。今日…现在，其前省略介词『于』，从。而…才。天下之士…天下有才智的人。请…请允许我。去…离开（赵）。复言帝秦…再谈尊秦为帝（的话）。㊽闻之…听到鲁仲连说服辛垣衍义不帝秦的事。为(wéi)…却

唐雎说信陵君①

《战国策》

原文

信陵君杀晋鄙，救邯郸，破秦人，存赵国。赵王自郊迎。②唐雎谓信陵君曰：『臣闻之曰：事有不可知者，有不可不知者；有不可忘者，有不可不忘者。』信陵君曰：『何谓也？』③对曰：『人之憎我也，不可不知也；吾有德于人也，不可不忘也。④今君杀晋鄙，救邯郸，破秦人，存赵国，此大德也。今赵王自郊迎，卒然见赵王，愿君之忘之也！』⑤信陵君曰：

古文觀止 卷四 戰國文

选自《战国策·魏策》

「无忌谨受教。」⑥

注释

① 唐雎（jū）：一作「唐且（jū）」，是信陵君的门客。战国时叫唐雎的有几个，并非一人。说（shuì）：劝说。信陵君：魏国公子无忌，是魏安釐（xī）王的异母弟，封为信陵君。战国时著名的四公子之一。

② 「信陵君杀晋鄙」五句：秦军攻破了赵国又围都城邯郸，赵求救于魏。魏畏秦强，虽派晋鄙率军往救，「实持两端以观望」。信陵君力主救赵。早年结交的侯嬴为之出谋划策窃得兵符，用力士朱亥，椎（chuí）杀晋鄙，率军击秦，保存赵国。赵王亲自到郊外迎接。据《史记·魏公子列传》载，赵王打算送给信陵君五座城池作为酬谢。「公子闻之，竟骄矜而有自功之色。」在此情况下，唐雎及时提醒信陵君不可居功骄傲。

③ 谓信陵君曰：谓，告诉。不可不知：一重否定，表否定。不可不忘：双重否定，表肯定。者：四个「者」字，与前面的词语组成名词性短语，称代「……的事」。何谓也：谓，说的话。「何……也」，是什么意思呢？ ④ 憎：厌恶，恨。

德：恩德，恩惠。不可得而知也：（别人）不可能知道。德于我、德于人：分别为对我有恩德，对别人有恩德。「……也，……也」：第一个「也」，表示停顿，以舒缓语气；愿君之忘之也：希望您能忘掉这件事。后一个「也」，用在句末，表示判断语气。 ⑤ 卒（cù）：然见赵王：卒，同「猝」。突然，出于意外。

「之」指信陵君立功有德于赵这件事。 ⑥ 无忌：信陵君自称。谨：谨慎恭敬。对对方及其指教表示恭敬地接受。